Bastian Barucker

Auf SPURENSUCHE *nach* NATÜRLICHKEIT

Vom Leben in der Wildnis und der Reise zu sich selbst

massel

Die Deutsche Bibliothek verzeichnet diese Publikation in der Deutschen Nationalbibliografie; detaillierte bibliografische Daten sind im Internet unter https://portal.dnb.de abrufbar.

Lektorat: Katja Siebke, Zweitlektorat: Dagmar Frank
Layout: jedernet GmbH, München
Druck: druckhaus köthen GmbH & Co. KG, Köthen (Anhalt)
ISBN 978-3-948576-04-2
verlag.massel.net
verlag@massel.net

Inhalt

Vorwort & Danksagung 5
Werdegang 10

AUF SPURENSUCHE IM AUSSEN

1 Ein Jahr in der Wildnis 26
2 Wo die wilden Kerle wohnten 34
3 Reise zu den Hadzabe 46
4 Sucht euch einen Clan 62
5 Natur & Heilen 70
6 Menschen brauchen Naturverbindung 80
7 Das große Gesetz des Friedens 92

AUF SPURENSUCHE IM INNEN

8 Wie frühe Lebensphasen uns prägen 118
9 Das ursprüngliche Bedürfnis dazuzugehören 130
10 Der Wiederholungszwang 150
11 Der fortwährende Übergriff 164
12 Immunität gegen totalitäre Tendenzen 178
13 Bilden oder bilden lassen 188
14 Werkzeuge des Wandels: der Redekreis 200
15 Die Geburt meines Sohnes 208

Vorwort & Danksagung

Liebe Leserin und lieber Leser,

es ist der beginnende Sommer des Jahres 2022. Wie jedes Jahr kehren die Gesänge der Vögel und die Blüten und Blätter der Pflanzen zurück. Der wiederkehrende Zyklus der Natur ist voller Wunder und gleichzeitig tief vertraut. Ich sitze im Garten und beobachte Mönchsgrasmücken und Insekten dabei, wie sie ihre Rolle im Netz des Lebens ausfüllen und damit zum großen Ganzen beitragen. Sie tun das, was sie schon immer taten: Sie passen sich der Natur an und leben in enger Verbundenheit mit den natürlichen Rhythmen.

Der Mensch lebt ebenfalls von Anfang an in direkter Abhängigkeit von der Erde. Nicht ohne Grund nennen viele Kulturen die Erde „Mutter“. Auch wenn unsere moderne Lebensweise diese profunde Wahrheit manchmal negiert, hat sich an diesem Umstand seit Hunderttausenden von Jahren nichts geändert. Ursprünglich lebten auch wir in Gemeinschaft und damit in enger Verbundenheit mit anderen. Intensive Beziehungen zur Natur, zu uns selber und zur Gemeinschaft bescherten uns ein erfülltes, zufriedenes (Über-)Leben. Der Verlust dieser Verbindung durch unsere moderne Lebensweise ist Hauptursache für den ungesunden Zustand unserer Welt.

Dieses Buch beschreibt meine Spurensuche nach Wahrheit. Ich möchte Sie gerne einladen, einige Stationen dieser Reise nachzuvollziehen, um zu erfahren, welche Erkenntnisse daraus entstanden sind. Es sind meine persönlichen Erfahrungen und nichts liegt mir ferner, als anzunehmen, dass mein Weg die allgemeingültige „Wahrheit“ darstellt.

Auch kann ich bis heute nicht sagen, was genau Natürlichkeit ausmacht und damit ein Leben im Einklang mit Mutter Erde, den

Tieren, Pflanzen und Menschen. Jedoch habe ich den Eindruck, dass die Menschheit mehr denn je neue Antworten auf die grundsätzlichen Fragen des Zusammenlebens braucht. Meine Suche nach diesen Antworten war eine Reise in die Vergangenheit, genauer: in die ursprüngliche Lebensweise der Jäger und Sammler.

Diese Reise führte mich zuerst in die Wildnis und später in mein Inneres. Die Spurensuche im Außen wurde zur Spurensuche im Innen. Auch hier fand ich Spuren und Antworten in der Vergangenheit: in dem, was mich persönlich prägte. So wie ich Jahre benötigte, um meine Beziehung zur Natur zu entdecken und zu stärken, so dauerte es Jahre, bis ich Beziehungsfähigkeit zu mir und anderen entwickeln konnte. Ich verstand irgendwann, dass beide Spurensuchen im Kern eins sind: Der Wunsch zu wissen, wer ich bin und der Wunsch nach Beziehung und Zugehörigkeit. Nun, fast 15 Jahre später, bin ich Vater eines wundervollen Sohnes und habe eine erfüllende Beziehung zu einer wunderbaren Frau. Beides fordert mich täglich heraus und stellt mich vor die Aufgabe, die Erkenntnisse meiner Spurensuche zu integrieren. Das gelingt mir oft und manchmal auch nicht, was mir wiederum dabei hilft zu verstehen, dass meine Spurensuche noch nicht zu Ende ist.

Während ich dies schreibe, herrscht in Europa Kriegsstimmung und es besteht sogar die Gefahr eines 3. Weltkrieges. Meine 93-jährige Oma hat einen Krieg erlebt. Als ich durch meine Forschungen lernte, wie sehr die Ältesten in indigenen Gemeinschaften wertgeschätzt wurden, begann ich meiner Oma genauer zuzuhören. Unter Tränen erzählte sie mir vom Krieg, von ihrer Flucht und vom Elend, das sie erlebt hat. Sie endete stets mit der Botschaft: Es darf nie wieder Krieg geben!

Die Integration der eigenen Biographie und eine intensive Verbindung zur Natur sind meiner Erfahrung nach wichtige Grundlagen einer Gesellschaft, die ein Leben in Frieden und Verbundenheit erschaffen kann.

Fühlen Sie sich eingeladen, meine Spurensuche nachzuvollziehen und durch sie inspiriert und bereichert zu werden.

Auch ich wurde auf meiner Reise oftmals durch Begegnungen mit Menschen beschenkt, so dass ich von ihnen lernen und mit ihnen wachsen durfte. Ich danke meiner Familie, die mir in jungen Jahren viel Unterstützung für meine ungewöhnliche Lernreise hat zukommen lassen. Ich danke den vielen Mentoren auf meinem Weg, die ihre Erfahrungen mit mir geteilt haben und deren Schüler ich zeitweise sein durfte. Thomas Patzleiner, Tamarack Song und Jon Young haben mich in die Weisheit der Wildnis eingeführt, die mich nie wieder losgelassen hat. Sie haben vor allem durch ihre Rolle als Vorbild Spuren in mir hinterlassen, die mich bis heute bereichern.

Ich danke allen Freunden, die meinen Weg seit vielen Jahren begleiten. Sie geben mir Rückhalt, Vertrauen und Unterstützung in schwierigen Zeiten. Ich danke auch allen Menschen, die mir geholfen haben zu erkennen, dass es ungeklärte Anteile in mir gibt, die ich bei anderen zwar erkenne, aber in mir übersehe. Das war nicht immer leicht für beide Seiten! Auch spüre ich großen Dank gegenüber den Tieren, Pflanzen und Elementen, die mich auf meinem Weg inspiriert haben. Die magischen und direkten Begegnungen mit der Mutter Erde haben mein Wesen stark verändert. Ich danke Willi Maurer dafür, dass er eine Begleitung anbietet, in der ich in ganzer Intensität zu meinen ersten Lebenserfahrungen zurückreisen konnte, um diese in mein Leben zu integrieren.

Ich danke Martin Sell vom massel Verlag für den zündenden Funken für dieses Buch. Ein großer Dank gilt Katja Siebke für ihr gründliches Lektorat und allen Unterstützern des Crowdfundings.

Ich danke meiner Frau, die mein Wirken unterstützt und mit der ich etwas erleben darf, was ich für unmöglich erachtete: Eine erwachsene Liebesbeziehung. Ich danke meinem Sohn dafür, dass er mir zeigt, wie kindliche Präsenz und Begeisterung aussehen und wie sehr er Zuwendung und Liebe benötigt, um sich entfalten zu können.

Einen herzlichen Gruß

Bastian Barucker, Pulow

EINLEITUNG

Werdegang

Der Boden wird vorbereitet

Ich weiß nicht mehr genau, wann es geschah, aber irgendwann um mein 18. Lebensjahr herum veränderte sich etwas in mir, das ich nicht beschreiben kann. Bis dahin habe ich eine verschwommene Wahrnehmung meiner Kindheit, die vor allem aus Sport, Wetteifern und Reisen bestand. Ich war schon immer schlau, aufmerksam und anpassungsfähig und seit meinem 6. Lebensjahr ein eifrig übender Fußballer. Nach meinem Umzug aus der Innenstadt in einen Berliner Vorort versuchte ich mein Glück in weiteren Sportarten und verschaffte mir so Spaß und Anerkennung. Obwohl ich dadurch viele Freunde und Kontakte hatte, gab es in mir auch eine noch nicht bewusst spürbare Einsamkeit und Distanz zu meinen Mitmenschen. Ich lebte in einer Welt, die von den Determinanten „besser" und „schlechter" bestimmt war, und wollte unbedingt zu denen gehören, die besser waren als die anderen.

Dieses Ziel erreichte ich auch als Jugendlicher größtenteils, indem ich weiterhin ehrgeizig Sport trieb und DJ wurde. Die meist verborgene Motivation meines Handelns war der Wunsch nach Anerkennung und Wertschätzung. Der erlernte Weg dahin: besondere Leistungen. Obwohl ich mir sozusagen einen hohen Status verschaffte und Ansehen genoss, blieb eine Leere zurück. Es sollte noch eine lange Spurensuche werden, bis ich den Ursprung dieser unreflektierten, inneren Not entdecken würde.

Neben der Unbewusstheit meiner inneren Not und den damit verbundenen Strategien, um in der Welt gut klarzukommen, gab es auch ein anderes Bewusstsein in mir. Ungefähr seit meinem

14. Lebensjahr unternahm ich eigenständig viele Reisen und besuchte besondere Orte. Diese Trips wurzelten teilweise in dem Ehrgeiz, auch in diesem Bereich andere zu übertreffen, aber sie basierten auch in meiner Abenteuerlust und Entdeckerfreude. Diese Reisen weckten etwas in mir, das von Jahr zu Jahr stärker wurde. Ich glaube, ich näherte mich Stück für Stück dem Geheimnis des Lebens an. Ich konnte spüren, dass unter dem oberflächlichen, teilweise leblosen Alltag etwas sehr Lebendiges verborgen war, etwas Magisches.

In mein Tagebuch schrieb ich:

> *Eine meiner ersten Reisen, die ich ohne Familie antrete, ist eine Kanutour nach Schweden. Ich bin vielleicht 14 Jahre alt. Begleitet von dem Sportstudenten Martin sowie einem Musiker und Abenteurer namens Rüdiger befahren wir als Reisegruppe die Seen und Flussläufe Schwedens. Mich beeindruckt die Begegnung mit der Natur, das rohe und direkte Erleben der Elemente. Echter Hunger, starke Müdigkeit und das Abenteuer, nicht zu wissen, was als Nächstes passiert, sind neue und eindrückliche Erlebnisse. Rüdiger hinterlässt einen nachhaltigen Eindruck auf mich, da er so frei, abenteuerlustig und mutig scheint. Wie jeder Jugendliche suche auch ich nach Vorbildern und lasse mich durch seine Geschichten über Reisen in ferne Länder inspirieren. Er erzählt mir und meinem mitreisenden Freund, dass er bald Afrika mit dem Floß bereisen wolle. Ich staune und merke, dass sich durch seine Vorhaben mein Horizont weitet und öffnet. Es gibt so viele Erfahrungen, die darauf warten, gemacht zu werden.*

Einige Jahre später campiere ich mit einem Freund und einer Jugendgruppe in den Sommerferien an der Atlantikküste Frankreichs und bin auch in anderen Teilen Europas unterwegs. Ich genieße die Abenteuer, die das Meer und der Strand zu bieten haben. Eines Tages sehe ich auf meinem Rückweg vom Strand einen Fahrradfahrer auf mich zufahren. Das Gesicht scheint mir bekannt und so geht es scheinbar auch dem herannahenden Fahrradfahrer. Es ist Martin, mein „Teamer" von der Schwedenreise. Wir freuen uns beide über unser „zufälliges" Wiedersehen. Er erzählt mir davon, dass er zusammen mit Rüdiger, der auch mit von der Partie sei, einen mehrtägigen Zwischenstopp hier einlegen werde. Kaum zu glauben, aber wahr: Martin und Rüdiger sind zufällig auf der Durchreise in Richtung Pyrenäen auch an diesem Ort gelandet. Mein mitreisender Freund und ich freuen uns sehr, die beiden wiederzusehen und sind gespannt darauf, wieder ihren Vorhaben und Geschichten zu lauschen. Eines Abends liegen wir mit Rüdiger in den Dünen des Atlantiks und er berichtet von seiner Floßfahrt in Afrika. In der Hand hält er ein mitgebrachtes Rhythmusinstrument, welches aus zwei mit einer Schnur verbundenen Holzbällen besteht. Wir schauen in die Sterne, hören das Rauschen des Meeres und tauchen in seine Erlebnisse ein. Er erzählt von der Kunst, nur mit dem eigenen Körper Wellen zu reiten. Immer wieder lässt er die Holzbälle tanzen und erzeugt durch ihren Aufprall einen Rhythmus. Es ist ein zauberhafter Abend, an dem Zeit und Raum endlos erscheinen und die unglaubliche Schönheit des Lebens magisch und spürbar ist. Martin und Rüdiger verlassen den Campingplatz nach einigen Tagen, doch es wird nicht das letzte Mal sein, dass wir uns begegnen.

Die kommenden Tage verbringen mein Freund und ich vor allem mit einer Sache: Dem Wellenreiten ohne ein Bodyboard. Stundenlang sind wir im Wasser und erleben, wovon Rüdiger uns berichtet hat. Ein kraftvoller Tanz mit den Wellen!

Am Ende meiner Schullaufbahn auf dem Gymnasium begann ich, mich immer mehr von dem coolen Sportler und DJ zu einem suchenden Spurenleser zu entwickeln. Immer längere Reisen in ferne Länder veränderten mich und fingen an, mein Weltbild zu beeinflussen. Tiefe Fragen beschäftigten mich und während meiner dreijährigen Oberstufenzeit las ich, inspiriert durch die Beziehung mit einer Frau, fast ausschließlich Klassiker der Philosophie wie Platon, Rousseau, Kant, Kierkegaard und besuchte weiterhin das Berliner Nachtleben. Besonders das Buch Emile oder über die Erziehung von Jean Jacques Rousseau hatte es mir angetan. Rousseau beschreibt in seinem Werk eine „alternative“ Form des Lernens, die hauptsächlich auf Erfahrungen basiert. Angeregt durch diese Perspektive begann ich mich für das Thema Bildung sehr zu interessieren.

Eines wurde mir durch die Lektüre, aber noch mehr durch meine Reiseerfahrungen immer klarer: Das Leben ist viel mehr als Schule, Universität und Berufsleben. Es ist ein großes Geheimnis. Im Nachhinein kommt es mir so vor, als hätte das Leben die ganze Zeit eine Art Lockruf zu mir ausgesandt. Ein zartes: „Komm her und trau dich, mir zu begegnen.“

Mein Weg führte mich nach Thailand, Südamerika, in die USA und in viele verschiedene Länder. Es wurden Jahre der Wanderschaft und des Erkundens. Erst entdeckte ich die abenteuerliche Welt im Außen und dann die verborgene Welt im Innern.

Während meines Zivildienstes arbeitete ich mit behinderten Kindern und lernte etwas von ihnen, das ich vorher nicht kannte. Ich fühlte mich wichtig, gebraucht und erlebte eine vertrauensvolle Beziehung, ohne nach Anerkennung streben zu müssen. Mit den meisten der Kinder wechselte ich aufgrund ihrer Behinderung nicht ein einziges Wort. Trotzdem oder gerade deshalb entstand eine besondere Art von Beziehung, die sehr viel Achtsamkeit und Empathie verlangte. In dieser Zeit war es, als ich beschloss, das Wissen der Wildnis zu lernen.

Der Samen wird gelegt

Als Teil meines Zivildienstes besuche ich wieder einmal ein langweiliges Seminar mit anderen Zivildienstleistenden in Braunschweig. Ich erinnere mich neben dem Gefühl der Fremdheit nur an eine einzige Begebenheit: Ein grauhaariger Mann hält einen Vortrag darüber, wie er alleine in Lappland zeltet und dort, umgeben von schwarzen Wolken voller Mücken, versucht, auf‘s Klo zu gehen. Seine Geschichten wecken in mir Interesse. Danach geht er mit uns jungen Erwachsenen ins Freie und zeigt uns, wie er auch im strömenden Regen mit Birkenrinde Feuer entfacht. Mir und diesem Mann ist in dem Moment nicht klar, welch bedeutsame Erfahrung unsere Begegnung für mich sein wird. Einige Wochen später recherchiere ich im Internet nach allen Wildnisschulen, die es in Europa gibt und bin plötzlich davon überzeugt, dass ich als Nächstes alles über das Leben in der Wildnis lernen muss. Ich bin mir sicher, dass das mein nächster Schritt sein wird, den ich trotz fehlender finanzieller Mittel realisieren will. Meine E-Mails an die Inhaber der Schulen umfassen meinen dringenden Wunsch, dieses wilde Wissen zu erlangen sowie mein freimütiges Eingeständnis, dass ich kein Geld für einen Kurs oder eine Weiterbildung habe. Ich schreibe weiter, dass ich zwei Hände habe und bereit bin, meine Arbeitskraft als Tausch gegen die Möglichkeit des Lernens einzubringen. Nur eine einzige Schule antwortet und schlägt mir vor, ihre Seminarteilnehmer zu bekochen und im Gegenzug zwischen den Seminaren die Fertigkeiten des Wildnislebens zu erlernen.

Ein halbes Jahr später beginnt meine dreijährige Lehrzeit als Überlebenstrainer und Wildnispädagoge im wunderschönen Ötztal in Tirol. Mit einer Gitarre und einem Rucksack komme ich nach einer Pyrenäenwanderung im kleinen Bergdorf Umhausen an. Von nun an gibt es für mich nur noch ein Thema: Die Weisheit der Wildnis.

Lehrjahre in den Alpen

Ich lebe draußen im Wald und verbringe meine Zeit damit, zu lernen wie man Feuer macht, Spuren im Wald verfolgt, die Vogelsprache versteht, Pflanzen und Bäume erkennt, sich Unterschlüpfe baut und so vieles mehr. Natürlich lerne ich auch kochen, denn die Verköstigung der Hofgäste ist in der Anfangszeit meine Aufgabe. Ich als Berliner Junge, der mitten in der Stadt aufgewachsen ist, bekomme die Zeit, intensive Naturerfahrungen zu machen und mich wieder mit den Elementen zu verbinden. Es ist eine Zeit voller Begeisterung und Leben im Augenblick. Ich sauge alles auf, was ich zum Thema Natur und Wildnis lernen kann. Schnell geht es über bloßes Wissen der Überlebenstechniken hinaus, da ich auch mit Spiritualität sowie traditionellen Ritualen und Ansichten in Berührung komme. Ich lerne das Leben verschiedener Naturvölker kennen, das eine intensive Neugier und Begeisterung entfacht. Irgendwie erahne ich die Tiefe und Kraft der uralten Lehren indigener Menschen. Während meiner Arbeit im Wald beobachte ich, wie sehr die Kinder und Erwachsenen vor Freude strahlen, lebendig sind und sich entspannen. Es ist alles so einfach und klar.

Selbstgenähte Kleidung aus Wildleder

In meinen drei Lehrjahren lerne ich viele beeindruckende Lehrer kennen, die meinen Weg bereichern und mich in ungeahnte Bereiche des Wildniswissens einführen. Ich lerne zu trommeln und Bögen zu bauen. Ich lerne, still zu sitzen und zu beobachten. Ich lerne essbare und heilsame Kräuter kennen. Ich lerne, mit Kälte, Nässe und Hunger umzugehen. Ich fange an zu meditieren und schule bewusst meine Intuition. Ich schaue stundenlang in die tanzenden Flammen des Lagerfeuers und die funkelnden Sterne des Vater Himmel. Diese Erfahrungen verändern mich, ohne dass ich dies bewusst merke.

Die Kung-San, eine Gruppe Indigener aus Botswana, haben die Vorstellung, dass der Mensch durch kleine Fäden mit allen Elementen der Schöpfung verbunden ist. Durch intensive Naturerfahrung werden aus diesen Fäden Schnüre und mit der Zeit starke Seile. Sie nennen sie Seile zu Gott.

Ich nutze zur Veranschaulichung dieser Verbundenheit mit allem gerne das Bild eines Stromkreises. Durch intensive Naturverbundenheit wird der Mensch empfänglich und quasi leitfähig. Er ist in der Lage, die Energie der Natur durch sich hindurch fließen zu lassen. Er kann aber auch Energie aussenden. Schon damals in den ersten Jahren meiner Spurensuche nach Natürlichkeit fing mein zivilisierter Panzer an, Risse zu bekommen. Die Elemente, Pflanzen und Tiere gelangten durch meine antrainierte Schutzschicht und gingen mir direkt unter die Haut. In der Natur ist alles miteinander verbunden und dieser Zustand wirkt auf jeden, der sich längere Zeit in ihr aufhält. Getrenntsein oder Abschottung wirken wie ein Fremdkörper im Netz des Lebens. Die Natur legt diesen unnatürlichen Zustand sanft, aber bestimmt, offen. Sie strebt nach starken Seilen zur Schöpfung – nach Verbundenheit.

Auch meine Fäden wurden durch die vielen Begegnungen mit der Natur dicker und stärker. Ich wurde empfänglicher für den Fluss des Lebens und so begann auch ein Erwachen meiner eigenen Natürlichkeit. Ich begann, mich zu hinterfragen und aufmerksam zu schauen, wer ich eigentlich bin? Ich wandte die neu erworbenen Fähigkeiten des Spurenlesens von Tieren nun bei mir selber an.

Zwischenstopp Zivilisation: Der Versuch an einer Universität mehr über die Erde zu lernen

Im Herbst 2005 entschloss ich mich, in der Winterpause meiner Lehre zum Überlebenstrainer auf die Freie Universität in Berlin zu gehen, da ich dort mit meiner ganzen Begeisterung weiterhin die Erde studieren wollte. Ich suchte mir den Studiengang „Geographische Wissenschaften“ aus. Ich erinnere mich, wie ich das erste Mal frisch nach zwei Jahren Waldzeit an der Uni bin und mir ein erfahrener Student das Punktesystem des Studienganges erklärt. Das damals neu eingeführte Bachelor-System übersteigt bei weitem mein Auffassungsvermögen für Zahlen und Regulierungen.

Ich schaue während des Gesprächs oft nach draußen, da die Sonne die nassen Blätter des Campus wunderschön funkeln lässt. Es herrscht eine erfrischende Kälte an diesem Herbsttag und als ich versuche zu verstehen, was der Student mir erklären will, merke ich, dass ich mich immer unwohler in diesem Raum fühle. Ich empfinde eine Leblosigkeit in all diesen reglementierenden Strukturen und fange an, mich leblos und klein zu fühlen. Schon während dieses Gesprächs spüre ich in meiner Magengegend eine sehr subtile Ahnung. Es ist der Zweifel, ob ich in diesen vier Wänden wirklich mehr über Mutter Erde und ihre Weisheit lernen kann.

Nach sechs Monaten, in denen ich erlebt habe, wie uninteressierte Mitstudenten ihre Hausaufgaben voneinander abschreiben, Online-Tests zu zehnt am PC machen, um gute Noten zu erhalten und Professoren keine Fragen beantworten, da sie keine Zeit haben, beschließe ich, dem Leiter meines Fachbereichs einen Brief zu schreiben. Auf meine sehr direkte, kritische Email folgt eine Einladung zu einem persönlichen Gespräch. Als ich einige Tage später in seinem Büro sitze und meine Kritik an dieser Art des Lernens zum Ausdruck bringe, entgegnet er mir, dass er meine Ansichten weitestgehend teile, jedoch nichts gegen diese Zustände tun könne. An diesem Abend beschließe ich, meine Uni-Laufbahn zu beenden, um meine Lehre zum Überlebenstrainer in einem dritten, sechsmonatigen Aufenthalt in Österreich zu beenden.

Ich empfinde das halbe Jahr an der Universität als einen ernsthaften Versuch, meinen Bildungsweg auf herkömmliche Art und Weise zu begehen. Der Versuch war deshalb erfolgreich, weil ich herausfand, dass das direkte Lernen von und in der Natur mich mehr anspricht als der universitäre Weg.

Im kommenden Frühling genieße ich also ein weiteres Mal viele Monate das Leben unten freiem Himmel und das Lernen durch die Weisheit der Natur. Außerdem zeichnet sich in dieser Zeit eine neue, spannende Herausforderung am Horizont ab.

Ein Herantasten

Zum Ende meiner Lehre in Tirol höre ich von einer Schule in den USA, die ihre Schüler, genannt „Suchende", ein ganzes Jahr in der Wildnis begleitet und unterrichtet. All die Fertigkeiten und Fähigkeiten, die ich in Workshops gelernt hatte, wurden dort im alltäglichen Leben angewendet. Es war für mich die Möglichkeit, in ein permanentes, naturverbundenes Leben einzutauchen und all meine gelernten Kompetenzen wirklich auf die Probe zu stellen.

Genau das wollte ich machen! Ich fühlte mich wie ein echter Lehrling, der nach drei Jahren Lehre auf Wanderschaft geht, um auf sich selbst gestellt zu sein. Ich fragte mich, ob ich wirklich im Wald überleben könnte? Was würde passieren, wenn ich von meinen Fähigkeiten abhängig wäre? Was würde geschehen und wie würde es sich anfühlen, wenn es kein Haus und keine Elektrizität gäbe, sondern nur den Wald, einen Kreis von Menschen und mich selbst?

In dieser Phase war es auch, dass ich durch eine Freundschaft angeregt auf etwas aufmerksam wurde, was mir vorher nicht bewusst war. Ich hatte engen Kontakt zu einem Freund, der eine sehr herausfordernde Zeit in seinem Leben zu meistern hatte. Wir trafen uns regelmäßig, da ich ihm eine Stütze und ein Begleiter war. Nach einiger Zeit jedoch passierte etwas Seltsames. Ich verkroch mich immer mehr und verlor die Verbindung zu ihm. Ich stieß auf eine Blockade, die mich davon abhielt, mit ihm in Kontakt sein zu können. Es war wie eine Lähmung. Plötzlich konnte ich ihm nicht mehr in die Augen schauen. Irgendeine innere Reaktion ließ mich ihm gegenüber völlig erkalten und mich verschließen. Ich kannte dieses Verhalten von mir bereits aus früheren Beziehungen, aber erst jetzt fiel es mir so sehr auf, dass ich vor mir selbst erschrak. Durch die Schärfung meiner Sinne für meine Umwelt war ich in der Lage, auch innere Prozesse stärker wahrzunehmen und zu spüren.

Während ich diesen Prozess beobachtete, wurde mir klar, dass die Ursache nicht bei ihm als Person lag, da es mir bereits mehrfach so ergangen war. Trotzdem konnte ich diesen Konflikt nicht auflösen. Alles, was ich tun konnte, war mein Verhalten wahrzunehmen. Ich sah keine Möglichkeit zu erforschen, wo dieses Verhalten herkam oder wie ich es ändern konnte. Jedoch brachte es mir und meinem Bekannten so viel Leid, dass die Dringlichkeit einer inneren Spurensuche nach den Gründen für mich eine große Bedeutung bekam. Ich wollte den Teil in mir kennenlernen, der dieses Verhalten auslöst. Genauso wie beim Verfolgen einer Tierfährte wollte ich aufmerksam zurückverfolgen, wo mein Verhalten herkam.

Aus dieser Erfahrung ergaben sich zwei Gründe, die mir den Entschluss, ein Jahr in der Wildnis zu verbringen, als lebenswichtig erschienen ließen.

Erstens: Ich wollte herausfinden, ob ich ohne Kontakt zur Zivilisation ein ganzes Jahr, in dem ich einzig und allein auf meine Wildnis-Fertigkeiten angewiesen war, im Wald überleben konnte.

Zweitens: Ich wollte ermitteln, welche Blockaden mich davon abhielten, wirklich tiefe, verbundene Beziehungen zu anderen Menschen einzugehen.

Ich war fest entschlossen für ein Jahr in die Wildnis Nordamerikas zu gehen, und nun begann eine Phase der Klarheit und Vorbereitung. Ich musste das nötige Geld für das Wilderness Guide Program der *Teaching Drum Outdoor School* besorgen, einen einjährigen Aufenthalt in den USA organisieren und es meiner Familie und meinen Freunden erzählen. Zuerst besorgte ich mir die nötigen Bücher und Artikel von Tamarack Song, dem Leiter der Schule, um ein Gefühl für die Herangehensweise und für das Verständnis der *Teaching Drum Outdoor School* zu bekommen. Ich verschlang die Lektüre und meine Sehnsucht nach diesem direkten und ursprünglichen Leben in der Natur wurde zunehmend stärker.

Motiviert durch diese Sehnsucht begann ich verschiedene Nebenjobs und auch meine Eltern wollten mein Wildnisjahr als Bildungsmaßnahme unterstützen. Einer meiner Onkel bat mir netterweise Anfang 2007 einen Job auf seiner Tankstelle an, in der ich kurz darauf ein dreimonatiges Leben als Tankstellenwart begann. Nebenbei arbeitete ich noch als Tischlergehilfe im Betrieb meiner Eltern und unterstützte eine Gruppe von Menschen, die eine Naturschule im Norden Berlins gründen wollten. Nach nur wenigen Tagen meiner Tätigkeit in der Tankstelle, in der ich zum Beispiel belegte Brötchen nach vier Stunden wegzuwerfen hatte, da diese nicht mehr frisch genug waren, weinte ich regelmäßig auf meinem Weg von der Arbeit zu meinem Sitzplatz im Wald. Ich konnte diese Arbeit nicht weitermachen, da sie mich wenig erfüllte und ich den Verkauf von Benzin, Zigaretten und Süßigkeiten als nicht sehr sinnvoll erachtete. Das Wegwerfen der Lebensmittel half mir, meine Entscheidung zu fällen, und ich reichte wenige Tage nach meinem ersten Arbeitstag meine Kündigung ein.

Fast gleichzeitig bekam ich den Hinweis, dass ein Waldkindergarten im Norden Berlins für einige Monate eine Aushilfe suchte. Nach einem Treffen mit der oben erwähnten Elterninitiative für eine Schulgründung besuchte ich den Kindergarten, um mich

vorzustellen. Es war ein wunderschönes, wildes Gelände mit einer kleinen Gartenlaube, einer Feuerstelle und einem Tipi. Die Kinder spielten draußen und ich nahm eine herzliche Stimmung auf diesem Gelände wahr. Beim Eintreten in die Gartenlaube begegnete ich den Mitarbeitern des Kindergartens, darunter einer wunderschönen Frau. Wie vom Blitz getroffen spürte ich eine große Begeisterung für diesen Ort und die Möglichkeit, hier mein Geld für die Wildnis zu verdienen.

Einige Tage später stand ich wieder vor der Zigarettenwand der Tankstelle und erhielt den Anruf, dass der Kindergarten mich trotz fehlender Qualifikation für drei Monate anstellen würde. Was für ein Glück!

Es geht los

Das restliche Geld durfte ich mir verdienen, indem ich im Winter jeden Tag mit Kindern im Wald spielte, obwohl mir offiziell dafür die nötige Qualifikation fehlte. Es war eine wundervolle Zeit und die perfekte Vorbereitung auf mein immer näher kommendes Abenteuer in den USA. Zwischen der wunderschönen Frau namens Uta, die ich bei meinem ersten Besuch bereits mit Freude bemerkt hatte, und mir begann sich, eine nahe Beziehung zu entwickeln. Ich freute mich sehr darüber, jemanden zu treffen, der meine Begeisterung für die Natur teilte und dem ich von meinen großen Plänen erzählen konnte. Ich hatte aufgrund meiner neuen Interessen viele alte Freundschaften verloren und war dankbar dafür, Menschen kennenzulernen, mit denen ich über mein neues Lieblingsthema Wildnis sprechen konnte.

Eines Nachmittags war ich gerade dabei, die Gartenlaube des Kindergartens aufzuräumen, während draußen noch einige Kinder spielten, die noch nicht von ihren Eltern abgeholt waren. Plötzlich stand ein Mann in der Tür, ein Vater, der sein Kind abholen wollte. Es dauerte nur Bruchteile von Sekunden, bis ich bemerkte, dass ich dieses Gesicht schon einmal gesehen hatte.

„Ich kenne dich!", sagte ich spontan zu ihm. Er erwiderte dasselbe und wir mussten beide herzlich lachen. Rüdiger und ich hatten uns also ein drittes Mal rein zufällig getroffen. Ich erzählte ihm von meinen Lehrjahren in Österreich und meinem Vorhaben, im kommenden Frühling in die Wildnis zu gehen. Er bot mir für die restlichen vier Monate ein Zimmer in seiner Wohnung an. Ohne zu zögern, zog ich spontan zu ihm an den nördlichen Stadtrand von Berlin, nicht weit von meinem Geburtsort entfernt. Wir verbrachten viel Zeit miteinander und bei unserer dritten Begegnung hatte ich die Ehre, ihn mit meinen Wildnisfertigkeiten inspirieren zu dürfen. Wir streiften gemeinsam durch den Wald, bestimmten Vögel und verfolgten schleichend Spuren. Er empfand meine Begeisterung für die Weisheiten der Wildnis als Bereicherung, als eine Art Erinnerung an seine Erlebnisse in der Natur zu der Zeit, als wir uns die ersten beiden Male trafen. Was für ein wundervolles Bild für den Zyklus des Gebens und Nehmens in der Natur. Manchmal erhalten wir Impulse von anderen und manchmal sind wir Impulsgeber für andere. Alle durch Seile miteinander verbunden im großen Schaltkreis des Lebens. Mein späterer Lehrer Tamarack Song wird mir während meines Aufenthalts in der Wildnis immer wieder den Satz sagen: „Geben ist erhalten."

Der Abflug

Ich habe mein Hab und Gut verstaut und alle notwendigen Dinge für meinen Wildnisaufenthalt besorgt. Ein Rucksack voller Kleidung, ein paar Stifte, Tagebücher, Schlafsack und Zelt. Ich versuche, so loszufahren, als ob nicht klar sei, ob ich jemals wiederkommen werde. Von Uta, mit der ich schlussendlich noch zusammengekommen bin, trenne ich mich auch, um für die kommenden zwölf Monde ohne die Bindung an eine Partnerin im Wald sein zu können.

Der Moment ist gekommen. Es ist Ende April 2007. Die Sonne geht gerade auf, Rüdiger und Uta fahren mich zum Flughafen. Aufregung und Klarheit sind in mir spürbar. Ich weiß, dass ich das

Richtige tue. Ebenso ist mir klar, dass es ein bedeutsamer Schritt in meinem Leben ist.

Am Flughafen Berlin-Tegel angekommen, betrete ich mit Rucksack auf dem Rücken die Wartehalle. Es ist relativ leer. Das orangene Licht verleiht der eher nüchternen Atmosphäre dieses Ortes ein wenig Schönheit. Bald höre ich den Klang einer Trompete. Gleich darauf eine bekannte Melodie und einen mir bekannten Liedtext. Während meiner Zeit mit Rüdiger haben wir sehr oft ein bestimmtes Lied eines befreundeten Sängers gehört. Das Lied mit dem Namen „Little Rain" beschreibt den Wunsch nach Regen an einem heißen Sommertag. Dieser Song hat mich oft sehr berührt und war für mich eine Hymne meines kommenden Eintauchens in die Natur geworden. Rüdiger hatte den Sänger des Liedes darum gebeten, es anlässlich meiner Abreise aus Berlin live zu spielen. Und so stehe ich nun im Flughafen Tegel und bin den Tränen nahe, als Trompete, Gitarre und Gesang meinen Abschied musikalisch begleiten. Es ist der richtige Augenblick zu gehen. Es ist Zeit für den Ausdruck von Abschiedsschmerz und Trauer.

Der indigene Lehrer Martin Prechtel beschreibt einen Zusammenhang zwischen der Fähigkeit zu trauern und der Fähigkeit, sich zu freuen. Wer seiner Trauer wirklich Ausdruck verleiht, ist auch in der Lage, sich wirklich zu freuen. So traue ich mich, meine Trauer zu zeigen. Gleichzeitig habe ich Angst vor dem, was kommt. Ich habe Angst, meine neu gewonnene Beziehung zu Uta zu verlieren. Ich habe Angst vor der Herausforderung und vor der Begegnung mit mir selbst. Mit all diesen Gefühlen im Bauch drehe ich mich ein letztes Mal meinen Weggefährten zu, winke und lache, während ich weine. Dann geht es zum Check-In und damit beginnt die Reise zu meinem Jahr in der Wildnis.

AUF SPURENSUCHE

IM AUSSEN

»Gehet in die Wälder,
und werdet wieder Menschen.«

Jean-Jacques Rousseau

◀) HÖRFASSUNG
https://massel.net/EJid

Wigwams aus Gras und Birkenrinde

»Die Wildnis ist es, die die Welt bewahrt.«

HENRY DAVID THOREAU

Ein Jahr in der Wildnis

Das Jahr in der Wildnis war eine Reise in eine Welt, die mir unbekannt war. Meine Beziehung zur Natur und mein Selbstbild haben sich verwandelt und es brauchte das volle Eintauchen in das naturverbundene Clanleben, damit dies geschehen konnte. Die ständige, direkte und sinnliche Verbindung zum sich immerfort verändernden Fluss der Natur haben mir sehr dabei geholfen, meine nicht-menschlichen Verwandten und auch mich selbst wahrzunehmen. Es fühlte sich wie ein Erwachen an. Ich merkte, dass es noch viel über mich zu entdecken gibt. Manchmal war die Zeit sehr herausfordernd, weil es mir währenddessen und auch schon vorher schwerfiel, vertrauensvolle Langzeitbeziehungen zu führen. Ein enormer Aufwand an Heilungsarbeit war notwendig, um meine alten, angstbasierten Gewohnheiten zu ändern. Diese Herausforderung brachte mich an meine Grenzen und manchmal über sie hinaus.

Einführung

Der Grund und die Motivation für die Entscheidung, ein Jahr die Zivilisation zu verlassen und in eine erdnahe Lebensweise einzutauchen, war sehr einfach. Es war klar, dass ich die über mehrere Jahre erlernten Wildnisfertigkeiten wirklich leben wollte. Es war auch klar, dass es etwas in mir gibt, das mich davon abhält, gesunde Beziehungen zu anderen und zu mir selbst zu führen. Deshalb bin ich voller Vorfreude und auch Anspannung, als ich mit dem Kanu auf dem See nach Süden fahre und mir klar wird, mit welchen Leuten ich das nächste Jahr verbringen werde. Wir leben als Clan und sind permanent in der Wildnis von Wisconsin bei der Teaching Drum Outdoor School. Unsere Guides sind Tamarack Song, seine Frau Lety und Chris Bean. Unsere Lehrer sind die Tier- und Pflanzenleute, die Elemente und der gemeinsame Clan. In diesem Jahr lernen wir, was es bedeutet, den natürlichen Rhythmen zu folgen und sich ihnen anzupassen. Wir lernen, dass ein Native (ursprünglich lebender Jäger und Sammler) seiner Umwelt sehr gewahr ist und ihrem Ruf folgt, um die Bedürfnisse seines Clans zu befriedigen.

Wir lernen, dass wir, um komfortabel draußen zu leben, auf uns Acht geben müssen und dass wir uns anpassen müssen. Die alte Vorstellung von der Kontrolle über die Umwelt funktioniert nicht und uns wird klar, dass wir bei jedem Wetter komfortabel im Wald leben können, wenn wir spontan und flexibel sind und dem Lied des Waldes lauschen. Jeden Tag sammeln wir Essen, fischen, stellen Fallen, machen Feuer ohne Streichhölzer, bauen Wigwams, sammeln Holz, gerben Leder und vieles mehr. Die Fähigkeiten werden ein Teil von uns und wir bauen intensive Beziehungen zu unserer Umgebung auf. Endlich kann ich diese Fertigkeiten im wahren Leben statt in Seminaren und Workshops erfahren. Plötzlich wird mir klar, dass die einzelnen Fähigkeiten nicht allein für sich existieren, sondern mit dem großen Netz der Natur verbunden sind. Um Feuer mit dem Drillbogen zu machen, muss ich meine Augen unterwegs offenhalten und die Baumarten und Holzunterschiede kennen. Für die Sehne des Bogens brauche ich Schnur, welche ich wiederum entweder zur richtigen Jahreszeit aus den passenden Pflanzen, geeigneten Wurzeln oder von einer Tierhaut herstellen kann. All die *Skills* sind miteinander und mit der Umwelt verbunden und ergeben ein vielfältiges, interdependentes Netz.

Gesundes Wildnisleben im Clan

Schnell wird mir klar, dass Kommunikation und funktionierendes Zusammenleben die Basis von Survival sind. Truthspeaking – die Sprache des Herzens, hilft uns dabei, in jedem Augenblick auf respektvolle Art zu sagen, wie es uns geht oder was wir denken. Es ist ein langer Prozess, sich von den alten Kommunikationsmustern zu lösen und es bedarf der Unterstützung des gesamten Clans. Es ist so ungewohnt, seine Gefühle spontan und direkt zu äußern, da ich eine

Am Lean-To um das Feuer versammelt

jahrelange Konditionierung hinter mir habe, bei der es darum ging, Wut, Ärger und Trauer, aber auch Freude nicht zur Fülle und vor allem nicht im Moment auszudrücken, sondern sie herunterzuschlucken. Eingebettet in die Tier- und Pflanzenwelt erleben wir jeden Tag ihr Vorbild. Alle Kreaturen drücken sich spontan und im Augenblick aus, sie sprechen ihre Wahrheit. Das Eichhörnchen, welches mich beim Fallenstellen entdeckt, gibt unmittelbare Laute von sich und auch die Vögel des Waldes drücken Ärger (Alarm) oder Freude (Gesang) direkt und mit Fülle aus – ein Beispiel für die Lehren, die wir von unseren Beziehungen mit der Natur erhalten können, wenn wir zuhören.

Aufmerksames Zuhören wird bei dem Wort Kommunikation oft vergessen. Wirklich präsent zu sein und dem Gegenüber vom Herzen zuzuhören, statt ihn zu bewerten, das wird eine tägliche Übung im Clanleben. Immer mehr öffnen sich meine Sinne und es ist mir möglich, die feinen Botschaften des Waldes wahrzunehmen, auch die Herzensbotschaften meiner Clanmitglieder. Dadurch wächst das Vertrauen in der Gruppe. Gefühle und Gedanken werden nicht mehr negiert, bagatellisiert oder voreinander verborgen, sondern respektvoll angesprochen. So machen wir uns auf den Weg, ein Clan im Gleichgewicht zu werden.

Eigene, alte Verhaltensmuster werden immer deutlicher sichtbar. Mithilfe von Zeichen machen wir uns untereinander auf Opfer- und Retterverhalten aufmerksam. Dabei geht es darum, dass sich durch frühere Erfahrungen eine Haltung in der eigenen Persönlichkeit gefestigt hat, die sich machtlos, hilflos und ohnmächtig fühlt – das Opfer. Auf der anderen Seite gibt es jedoch auch die Rolle des Retters, der sich so sehr um andere und deren Belange kümmert und auch das „Opfer" gerne aus misslichen Lagen rettet, dass er seine eigene Herzensstimme und Leidenschaft dabei vergisst. Die Identifizierung mit diesen Mustern ist eine große Herausforderung, da ich sie als meine Persönlichkeit wahrnehme. Sie sind aber nur ein angstbasiertes, antrainiertes Schutzverhalten, das mir jetzt nicht mehr hilft, sondern meine Beziehungsfähigkeit stört. Das ganze Jahr über arbeiten wir an der Wahrnehmung dieser Automatismen und der Wiederentdeckung unseres natürlichen und spontanen Selbst.

Dem Winter hautnah begegnen

Der Wandel der Jahreszeiten

Wir erleben den Wechsel der Jahreszeiten. Es entsteht eine tiefe Verbindung zum Land und seinen Bewohnern. Wir kommen wirklich in der Wildnis an und werden zu einem Teil des großen Netzes. Wir verstehen die Schönheit und den Überfluss, die vor unseren Augen sind und langsam finden tiefgreifende Transformationen statt.

Der aktive Sommer, in dem wir Beeren gesammelt, Unterkünfte gebaut und Leder gegerbt haben, geht langsam vorbei. Unser Clan besteht nun nur noch aus vier Leuten, da drei von den ursprünglich sieben Gestarteten die Wildnis verlassen haben. Wir sind nun als Gruppe magerer, jedoch stärker, da wir vier Übriggebliebenen wirklich hier sein und das Abenteuer durchleben wollen. Mit dem nahenden Herbst kommen kältere Nächte und die Vorahnung des Winters. Der Übergang zur weißen Jahreszeit geht ziemlich schnell. In Eile reparieren wir die Winterhütte, die uns für die dunkle Jahreszeit ein wohliges Zuhause sein soll. Mit dem Winter kommt die warme Decke aus Schnee und das Leben im Wald verändert sich. Eine der großen Herausforderungen besteht darin, sich an diese Veränderung anzupassen. Nun kann ich nicht mehr im See schwimmen gehen, um mich zu waschen oder im Kanu hinausfahren, um auf der anderen Seite des Sees Beeren zu sammeln. Besonders das *Schneebaden* ist am Anfang eine Überwindung. In unserem Winterwigwam können wir Feuer machen und so können wir nackt aus der Hütte herausspringen, uns mit Schnee abrubbeln und dann schnell wieder zurück ins Warme krabbeln. Bei Temperaturen um die Minus 30 Grad ist das echt belebend und erfrischend.

Die Nächte werden länger und so richtet sich unser Fokus nach innen. Die neuen Wahrnehmungen über Verhaltensmuster und Gefühle können nun mithilfe der Traumarbeit vertieft werden. Über mehrere Monde lernen wir, die Sprache der Träume zu verstehen. Sie machen uns auf Unbewusstes aufmerksam und helfen uns dabei, unsere angetretene Heilungsreise weiterzugehen. Jeden Morgen teilen wir unsere Träume im Clan miteinander und so können wir uns bei der Umsetzung unserer Heilungsprozesse unterstützen. Es ist die Zeit der inneren und äußeren Spurensuche, da wir jeden Tag unseren Tierverwandten folgen, um an ihren Spuren zu erkennen, wie sie sich verhalten. Besonders die Wolfsrudel haben unser Interesse geweckt, da wir an ihrem Zusammenleben interessiert sind. Viele Tage folgen wir ihren Fährten und erkennen, wie sie in einer Linie, Pfote in Pfote, in völliger Harmonie durch den Wald gleiten.

Es ist einer der längsten und kältesten Winter seit der Wetteraufzeichnung in dieser Region und wir verlassen unsere Winterhütte, um zu lernen, uns ein Schneecamp zu errichten. Mit unserer Grundausstattung ziehen wir los und bauen Schneehütten und ein *Lean-To*. Für einen weiteren Mond leben wir an einem neuen Ort und verabschieden uns langsam von der Wildnis. Ein letztes Mal lernen wir, dass uns die Erde versorgt, wenn wir uns leer machen. Es beginnt die Zeit des Übergangs, in der wir mithilfe unserer *Guides* lernen, wie wir das Erfahrene in die Zukunft integrieren können. Meine Sehnsüchte nach der Zivilisation werden stärker und das so lang Vermisste rückt immer näher. Freunde, Familie, Bekannte, Schokolade, Pizza und so vieles mehr haben mich mental oft beschäftigt. Nun weiß ich, dass ich dies alles bald wieder haben werde. Es ist ein aufregender, gespannter und freudiger Morgen, als wir uns auf den Weg zurück in die Zivilisation begeben. Alle Seen sind noch zugefroren und wir marschieren mit einer Vorfreude und Trauer durch die Wildnis, die uns versorgt und genährt hat. Ein Jahr voller Verbundenheit und inneren Wachstums geht vorbei. Als wir zurück in der Schule ankommen, begrüßt man uns und langsam realisieren wir, dass es wirklich vorüber ist. Wir sind zurück und alles ist anders. Wie sehr haben sich meine Wahrnehmung und mein Weltbild geändert. Erst jetzt, im Spiegel des Bekannten, erkenne ich meine Veränderung und langsam wird eines klar: Das Jahr ist vorbei, aber das *neue Leben* fängt gerade erst an.

Nachbetrachtung

Es war ein Jahr voller Herausforderung und zu überwindender Schwellen. Diese Zeit kostete Kraft und das damit verbundene Wachstum war oftmals auch anstrengend.

Jedoch brachte es eines der größten Geschenke meines Lebens: Ich begann zu verstehen, dass ich für mein Leben, für Gefühle und Beziehungen die Verantwortung trage und dass ich die Veränderungen bewirken kann, die ich brauche, um ein gesundes und erfülltes Leben zu führen. Mir wurde klar, dass ich mich dafür mit der Natur (Pflanzen, Tiere, Menschen, Steine) umgeben muss, die ich als gesund und unterstützend betrachte. Auf die „alte" Art und Weise zu leben, hilft mir zu verstehen, was Lernen bedeutet und es inspiriert mich dazu, die primitiven Fertigkeiten zu üben, da sie mich direkt mit den Bedürfnissen meines Lebens verbinden.

Ich fühle mich dankbar, beschenkt und geehrt und freue mich, all diese Geschenke erhalten zu haben. Das Leben in der Wildnis hat mein Leben grundlegend geändert und mir dabei geholfen, erfüllter, verbundener und mehr im Moment zu leben.

Leseempfehlungen

→ Daniel Everett: Das glücklichste Volk
→ Manitonquat: Rückkehr zur Schöpfung
→ John Tanner: Dreißig Jahre unter den Indianer Nordmerikas

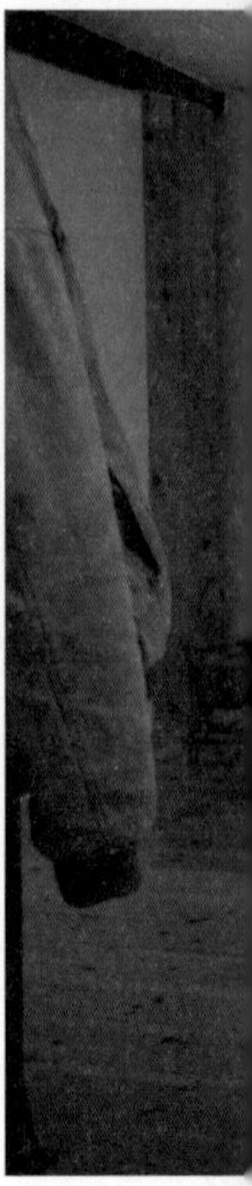

Interview mit
Jochen Schilk

»Wenn wir wieder in die Wälder gehen,
werden wir zittern vor Kälte und Furcht. Doch
wir werden Dinge erleben, so dass wir uns
selbst nicht mehr kennen; kühles, wahres Leben
wird sich auf uns stürzen, und Leidenschaft
wird unseren Körper mit Kraft erfüllen.«

D.H. LAWRENCE

Wo die wilden Kerle wohnten

Redakteur Jochen Schilk (JS) sprach mit Bastian Barucker (BB) und Andreas Jade (AJ), die in der Wildnis von Wisconsin eine einjährige Ausbildung zu Jägern und Sammlern erfahren haben.

– Zuerst erschienen im OYA-Magazin [1] –

JS: Bastian und Andreas, ihr habt euch unabhängig voneinander entschieden, für fast ein Jahr in die nordamerikanische Wildnis zu gehen, um an einem Programm teilzunehmen, bei dem man lernt, den „alten Weg" unserer Steinzeitvorfahren zu leben. Mich interessiert, ob das mehr ein persönlicher, individueller Selbsterfahrungsweg ist, so eine Art Abenteuersport – oder ob das, was ihr erlebt habt, auch eine tiefere Botschaft für uns Daheimgebliebene hat, für die westliche Industrie-Zivilisation. Aber zunächst einmal: Wie seid ihr eigentlich dazu gekommen, euch auf so etwas Verrücktes einzulassen?

BB: Ich hatte schon vorher versucht, Leben in der Wildnis zu studieren, zu lernen, wie man Feuer ohne Streichhölzer macht oder sich eine Hütte baut. Schon vor dem „Yearlong"-Programm, meinem Jahr in den Wäldern von Wisconsin, habe ich in einer Wildnisschule gearbeitet. Irgendwann fragte ich mich, wie es wohl wäre, wenn ich wirklich draußen allein auf die eigenen Fähigkeiten angewiesen wäre. Gleichzeitig war da so ein Punkt in meinem Leben, an dem ich merkte, dass ich in der Beziehung zu den Menschen in meinem Umfeld immer an so eine Blockade oder Grenze kam, eine gewisse Beziehungsunfähigkeit hatte. Die beiden Themen kamen zusammen, und als dann jemand davon berichtete, wie aufschlussreich es sei, in der Wildnis zu leben, wie stark man sich dabei wandele, da wusste ich: Das möchte ich auf jeden Fall erleben!

AS: Auch ich habe vor dem „Yearlong" schon als Wildnispädagoge gearbeitet. Bei mir ist der Entschluss zu diesem Jahr, glaube ich, aus einer tiefen Sehnsucht nach Veränderung entstanden, die in meinem Leben schon eine ganze Zeit da war. Auf den Wildnis-Weg bin ich mehr oder weniger zufällig geraten und dann ziemlich schnell mit jemandem in Kontakt gekommen, der gerade „draußen" in Wisconsin gewesen war. Wie Bastian wusste ich sofort, dass ich da hin muss – weil ich hoffte, dort endlich herauszufinden, wer ich bin, wo ich herkomme und wo ich hin soll.

JS: Worum geht es nun konkret in diesem Jahr? Was wird vorausgesetzt und wie wurdet ihr unterstützt?

BB: Von Frühjahr bis zum nächsten Frühjahr geht eine Gruppe Menschen hinaus in die Wildnis. Sie teilen sich in mehrere Clans, die um einen See verteilt sind, und versuchen dort, anfangs noch mit einer Grundausrüstung von „zivilisierten" Dingen, im Gleichgewicht mit dem Land zu leben – von dem zu leben, was sie dort vorfinden, und vor allem zusammen mit den Menschen und den Tieren zu leben. In unserem Jahr wurden wir von einem erfahrenen älteren Mentor, Tamarack Song und seinem etwas jüngeren Lehrling begleitet. Beide führten uns am Anfang sehr ausführlich in dieses

Leben ein. Dann verließen sie die Gruppe und wir lebten danach viele Sonnen und Monde lang nach ihren Empfehlungen und versuchten, unsere Bedürfnisse zu befriedigen und die Notwendigkeiten des Lebens zu erkennen. Wir versuchten, miteinander dafür zu sorgen, dass es allen gut geht, dass alle Essen, eine Unterkunft, Wasser und Feuer haben. Das ist ein grober Umriss.

AJ: Wichtig ist eine funktionierende Lebensstruktur innerhalb des Clans. Wie kann ich mit den Menschen, denen ich auf Gedeih und Verderb – bzw. auf Dableiben oder Weggehen – ausgesetzt bin, für elf Monde zusammen sein? Die Herausforderung besteht nicht zuletzt darin, ganz lebendig mit Menschen, die ich mir nicht ausgesucht habe, in einem Kreis zu sein.

JS: Ein andauerndes Training in Beziehungsfähigkeit also. Aber noch mal zu den Bedingungen: Was stand euch an Werkzeug zur Verfügung und mit welchem Klima muss man dort in Wisconsin rechnen?

BB: Der „zivilisierte“ Grundstock besteht aus deiner Kleidung und einem Schlafsack. Meistens gibt es am Anfang auch ein Zelt und eine Axt, man nimmt sich ein Messer mit, etwas zu schreiben und einen Topf. Der Ort liegt in der Region der großen Seen zwischen den USA und Kanada. Das bedeutet: unendlich weites Land, unglaublich vielfältiger Laub- und Nadelwald, Sümpfe und Moskitos in unvorstellbarem Ausmaß. Und dann, wenn die weiße Jahreszeit kommt, auch richtige Kälte: minus 30, minus 40 Grad. Das Ziel ist, diese Verbindung zur Zivilisation, die vermeintliche Abhängigkeit von moderner Ausrüstung immer mehr loszulassen. Wir haben bald aufgehört, Zelte, Töpfe und Streichhölzer zu benutzen – all das lässt man los und begibt sich immer mehr in die Beziehung zum Land.

JS: Wie ist denn euer Mentor Tamarack dazu gekommen, so ein Programm anzubieten?

AJ: Er ist viel mit den Ältesten von den Stämmen der Gegend zusammen gewesen. Dabei kam er dann auf die Idee, diese Erfahrungen auch anderen zugänglich zu machen.

BB: Ich denke, er hat diese Form gewählt, weil ihm bewusst ist, dass sich gewisse nicht-lebensförderliche Verhaltensmuster nicht ändern, wenn man nur einen Zwei-Tages-Workshop macht und dann wieder in den Alltag zurückkehrt. Deshalb diese lange Zeit, die ich als sehr effektiven Weg erlebt habe, denn alles wird so oft wiederholt, bis sich wirklich etwas in dir verändert.

Tamarack selbst hat übrigens keine indianischen Wurzeln, aber er hat das Jahresprogramm so gestaltet, dass es eine möglichst naturgetreue Simulation des nativen Lebens der Stämme ist, die ursprünglich an diesem Ort siedelten.

JS: Apropos „Platz“: Die Jäger und Sammler waren bzw. sind ja eigentlich Nomaden, sie ziehen weiter, wenn die von der Natur zur Verfügung gestellten „Vorräte“ zur Neige gehen.

AJ: Ja, denn nur, wenn man mit den Geschenken der Natur mitläuft, hat man eine Chance zu überleben. Wenn du hier ansässig bist, aber der Fisch ist zwei Tagesmärsche weiter nördlich, kannst du entscheiden, ob du sitzen bleibst und einfach keinen Fisch fängst oder ob du mitgehst. Es galt, so oft es ging, den Platz zu wechseln und am neuen Ort herauszufinden, was uns das Land anbot. Ich dachte oft: „Jetzt fühle mich hier zu Hause und sicher, ich will nicht schon wieder los.“ Das Mitlaufen mit der Natur bringt auch Prozesse bei dir ins Laufen.

JS: Bastian, du warst 2007 dort, du, Andreas, 2009, ihr habt also verschiedene Gruppen erlebt. Hattet ihr das Gefühl, wie in einem traditionellen Clan zu leben?

BB: Ein Clan bzw. eine Sippe wäre ja eine Gruppe von maximal 25 Leuten aller Alterschichten und Geschlechter. Wir waren eine kleinere Gruppe ohne Kinder von Mitgliedern zwischen 25 und 46 Jahren. Anfangs waren es fast gleich viele Frauen wie Männer, das ist wichtig. In einem authentischen Clan gäbe es natürlich Kinder, es gäbe Achtzigjährige, die alles über das Land wissen, und Jugendliche, die herumspringen und lernen, wie man für die Familie sorgt.

JS: Steigen viele Mitglieder im Lauf des Jahres wieder aus?

AJ: Wir waren am Anfang relativ viele und haben uns in zwei Clans aufgeteilt, in denen alle etwa in der gleichen Altersgruppe waren. Das habe ich als problematisch erlebt, im Alltag braucht es Unterschiede. Gegangen ist aber jeweils nur einer, so dass es bis zum Schluss ein relativ stabiles Gruppengefüge gab.

JS: Ist die Bedeutung der Altersdurchmischung eine Botschaft an Menschen, die Gemeinschaften gründen wollen?

AJ: Ja, und eine Botschaft an das Schulsystem!

BB: Bei uns war es nicht so stabil. Von anfangs zwei Gruppen mit sieben Mitgliedern schrumpften wir innerhalb von vier Monaten auf insgesamt vier oder fünf. Von da an konnten wir endlich richtig loslegen, denn die Gruppe wusste: Wir sind jetzt hier und bleiben.

JS: Die bei den ursprünglichen Nahrungsbeutergesellschaften praktizierte geschlechtsspezifische Arbeitsteilung würde ja für euch junge Männer bedeuten, dass ihr euch hauptsächlich aufs Jagen konzentriert und die Frauen auf das Sammeln …

AJ: Ich schätze, dass der überwiegende Anteil meiner Arbeiten eigentlich Frauenarbeiten waren. Großwildjagd ist nicht Teil des Programms. Ich sah mich als ein Kind, als ein Neugeborenes in dieser Welt da draußen im Wald. Und aus diesem Selbstverständnis heraus hab ich erstmal angefangen, wie ein Kind Fallen zu stellen und zu sammeln, bevor ich dann irgendwann mal mit den Großen mitgehen darf zum Jagen.

JS: Mich beschäftigt die Frage, wie Clans funktionieren. Haben unsere Steinzeitvorfahren nicht viele jahrhundertelange Erfahrungen sammeln können, wie sich das Leben so gestalten lässt, dass es nachhaltig ist und die Gemeinschaften nicht auseinanderbrechen?

BB: Eine gute Frage. Ich denke, wenn man so eng miteinander lebt, kann man letztlich nicht anders, als sich zu vertrauen und zu respektieren, deshalb werden in ursprünglichen Clans Vertrauen und Respekt so hochgehalten. Bei uns wurde das Aussprechen der eigenen Wahrheit besonders wichtig. Das ist die Art von Kommunikation, auf der Respekt und Vertrauen basieren: Dass ich dir sage, wie es mir geht in dem Augenblick, in dem es mir mit dir so und so geht. Wenn ich anfange, hinter deinem Rücken über dich zu lästern, wird der Clan über kurz oder lang zusammenbrechen. Tamarack sagte oft: „Geben ist Erhalten" (giving is receiving). Das bedeutet, nicht wie üblich zu denken: Wenn ich dir jetzt etwas gebe, verliere ich und du bekommst. Das ergibt in einem Clan und in der Natur keinen Sinn, weil alles so offensichtlich miteinander verbunden ist, dass, wenn ich gebe, ich mir letztlich selber gebe, denn schon im nächsten Augenblick erhalte ich bereits etwas zurück. Wenn es meinem Kreis gutgeht, muss es mir auch gutgehen.

JS: In westlichen intentionalen Gemeinschaften der Alternativszene scheinen mir die Mitglieder weniger stark aufeinander angewiesen zu sein als in einer Gruppe von Jägern und Sammlerinnen.

AJ: Jeder hat ganz spezielle Talente, also „Geschenke" für den Clan. Nicht jeder ist in Bezug auf jede Aufgabe begabt. Es gibt natürliche Spezialisten und, wenn so ein Spezialist wegfällt, kann das einen heftigen, lebensgefährlichen Bruch im Clangefüge bedeuten.

BB: Wenn man so wie wir in der Gruppe draußen lebt und die Masken, mit denen wir uns sonst die ganze Zeit verkleiden, alle mehr und mehr wegfallen, dann wird irgendwann klar, dass jeder einzigartig ist und etwas zu geben hat, das du sehr wertzuschätzen lernst. Das kann eine besondere Perspektive sein, die Art, wie oder was er sieht oder was sie hört. Oder es gibt ein Gruppenmitglied, das jedes mal zehn Fische nach Hause bringt, wenn es angeln geht, das ist ganz elementar. Das ist eine echte Basis für das Gemeinschaftsleben. Tamarack beschreibt es immer mit dem Bild eines ruhigen Meeres. Es gibt zwar Wellen oben drauf, weil wir jedesmal andere Ansichten haben, aber tiefer unten ist immer alles in Ordnung. Und ich glaube, die Leute früher, die hatten dieses Meer.

JS: Habt ihr eine Art Unterricht bekommen in guter Kommunikation? Es ging ja offenbar auch viel um innere Prozesse.

AJ: Ich würde sagen, dass ich Werkzeuge bekommen habe, aber nicht belehrt worden bin. Das Lernen fand hauptsächlich dann statt, wenn die Mentoren weg waren und unsere eigenen Prozesse begannen. An dem Punkt, wo es nicht mehr weiterging, halfen uns die Mentoren über die nächste Schwelle. So lernten wir, die Werkzeuge einzusetzen, also gemäß unserer Wahrheit zu sprechen und wahrzunehmen, in was für einem Zustand wir uns befinden, ob wir uns z. B. gerade selbst bemitleiden. Das war für mich wirkliches Lernen im Tun – aus einer echten Notwendigkeit heraus.

BB: Zum Thema Unterricht würde ich gerne noch hinzufügen, dass durch die Tier- und Pflanzenwelt um uns herum ein permanenter Unterricht stattfindet, z. B. zur guten Kommunikation. Du gehst durch den Wald und da ist niemand, der lästert. Die Vögel und Säugetiere sind alle immer ganz im Hier und Jetzt und sagen, wie es ihnen geht, wenn du zuhörst. Das war für mich ein permanenter Unterricht ohne Worte: Diese Präsenz der Leute spüren, die jetzt da sind, die Präsenz der Baum-Leute oder der Eichhörnchen-Leute. Die sind in der Gegenwart, sind in Gemeinschaft, sind in Beziehung. Das ist ein starker Spiegel. Ich war im Kanu auf einem See, das Wasser war ganz ruhig und nach einer Weile merke ich, dass ich die ganze Zeit nur nachdenke. Der einzige Lärm ist in meinem Kopf …

AJ: Ein Teil von mir dachte vor dem „Yearlong“, dass ich dorthin gehe, um dann richtig „heilig“ zu sein, ständig für alles zu danken und zu beten. Ich merkte dann aber enttäuscht, dass es überhaupt nicht so ist. Irgendwann sammelte ich gerade Nadelzweige, um mit ihnen meine Hände sauberzumachen und um darauf zu sitzen, und bei jedem Abbrechen fühlte ich mich plötzlich tief dankbar und total verbunden mit dem Baum. Ganz ohne Gebetsformel …

JS: Es ist also so ähnlich wie mit den Clanmitgliedern: Man ist vollkommen abhängig von den trockenen Zweigen, die sich finden, von den Beeren und Tieren – das ist vermutlich eine ganz andere Verbindung als beim Spaziergang durch den Stadtforst?

BB: Dem kann ich nur zustimmen. Bis dieses Gefühl aufkommt, dauert es aber eine Weile. Bei meiner Arbeit mit Stadtkindern fällt mir auf, dass sich an einem Tag noch keine wirkliche Naturverbindung erleben lässt. Es ist wie mit jeder Beziehung – es geht um Zeit und darum, viel zu geben. Das heißt aber nicht, dass, wenn du einen Job in der Stadt hast und vier Kinder, du nie Naturverbindung erleben könntest, weil du kein Jahr lang im Wald sein kannst. Auch dann kannst du entscheiden: Nächstes Wochenende übernachte ich draußen und höre mir mal die ganze Nacht den Wald an.

JS: Denkt ihr, wir haben hier in den deutschen Wäldern auch Möglichkeiten, um uns gut zu verbinden?

BB: Solange die Tiere und Bäume da sind und noch ein bisschen im Gleichgewicht leben, sind ja alle notwendigen Lehrer da. Die leben schon ewig auf dem Land und haben so viel Zeit, anderen Leuten etwas beizubringen, man muss nur hingehen und zuhören.

JS: Mit eurer Art von Ausbildung wisst ihr, wie ihr euch notfalls unabhängig vom Supermarkt ernährt, wie ihr ohne Geld eine Weile überleben könnt. Ganz viele Menschen haben ja heute Angst davor, ihren Arbeitsplatz zu verlieren, ihre Bezüge, auch Angst davor, dass das Fremdversorgungssystem eines Tages nicht mehr funktioniert. Wie fühlt sich für euch so eine Vorstellung an?

AJ: Diese Vorstellung macht mir heute weniger Angst. Ich würde jetzt nicht sagen, dass ich einfach „ohne Not" ganz in den Wald gehe. Aber ich weiß, dass ich dort viel länger leben könnte, dass ich eine ganze Menge von Zutaten für eine gute „Lebenssuppe" habe.

BB: Mir geht es ähnlich. Es gibt ja diese Mensch-gegen-die-Natur-Macho-Survival-Szene und die kommt mir nur irrational vor. Das würde im Fall eines Systemcrashs nicht funktionieren. Im Ernstfall würde die Szene ohne soziale Fähigkeiten vermutlich schnell aussterben: Mal angenommen, du bist ein guter Fischer. Weil es aber in unserem Clan viel ungeklärten Ärger gibt, spürst du irgendwie nicht mehr die alte Leidenschaft für das Fischen. Durch die ganzen Konflikte ist deine Freude dran abhandengekommen und deshalb fängst du nur noch wenige, kleine Fische. Unser Clan würde langsam zugrunde gehen, weil es uns vermutlich allen so ginge in unseren überlebenswichtigen Spezialgebieten. – Zum Überleben gehört vor allem, darauf zu achten, dass es allen gut geht!

JS: Von wegen „gutgehen" – wie lebt es sich denn so, ohne Zentralheizung bei minus 30 Grad?

BB: Die Zentralheizung hast du immer bei dir (schlägt sich auf den Rumpf). Die musst du nur andrehen! Das heißt: Ich gehe raus und hole das größte Feuerholzbündel, das ich jemals gesammelt habe.

AJ: Sobald du losgehst und etwas tust, geht es dir besser. Eines der intensivsten Erlebnisse war für mich das Schneehüttenbauen. Es war richtig kalt und wir sollten raus aus dem Wigwam und irgendwo auf eine Lichtung gehen, einen Schneehaufen bauen und dort einziehen. Alles in meinem Kopf hat einfach nur gesagt: Oh nein, das wird einfach nur kalt! – Doch dann lag ich in diesem Schneehaufen, draußen waren minus 20 Grad und im Inneren war es erstaunlich warm! Da habe ich verstanden: Alles ist da. Du brauchst nichts zu bauen, du brauchst nichts herzustellen, sondern du nimmst einfach das, was da ist. Das war ein so wunderbarer Aha-Effekt und so eine tiefe Dankbarkeit gegenüber allem ringsherum. The mother provides – die Mutter Erde gibt alles, was du brauchst. Sie wartet aber nicht; wenn du schläfst und nichts tust, bleibst du auf der Strecke.

JS: Aber man braucht eben auch das nötige Wissen …

AJ: Oft machst du instinktiv das Richtige, wenn es darauf ankommt. Das ist vielleicht so, weil wir das schon seit Jahrmillionen getan haben und es irgendwo in uns steckt.

JS: Muss man für dieses Leben eigentlich besonders hart sein? Oder vielmehr besonders weich, besonders angepasst?

BB: Ja, weich im Sinn von anpassungsfähig. Freilich gibt es physische Herausforderungen – aber die liegen locker im Rahmen der Möglichkeiten eines Menschen. Aber hart im Sinn von starrsinnig – das verbraucht nur unnötig Energie. Draußen ist ja nichts hart, alles ist flexibel und anpassungsfähig. Da ist kein Wesen, das immer den gleichen Weg gehen muss. Keiner glaubt dort, irgendwie durchs Unterholz brechen zu müssen. Man kann es tun, aber es ist viel zu viel Energieaufwand. Es ist nur wichtig zu wissen: Hunger ist eine physische Herausforderung, Rennen ist eine physische Herausforderung, dauernd nur Kanu fahren, minus 30 Grad – das sind alles Herausforderungen. Aber wenn du offen für deinen Körper bist, lässt sich diesen Herausforderungen gut begegnen.

AJ: Einmal hatten wir die Aufgabe, aus Hölzern einen Weg in den Sumpf zu legen, aber wir hatten keine Lust. Irgendwann hatte ich aber eine wichtige Erkenntnis und ich fragte mich: Warum sehe ich das als Arbeit, das ist doch auch ein Spiel! Es kann Spaß machen, es ist eine einmalige Erfahrung, die ich jetzt in dem Moment erleben kann. Das Leben als Spiel sehen – ich würde jedem raten: Verbring soviel Zeit wie möglich mit Kindern. Du erfährst dabei so viel, alle deine eingefahrenen Muster brechen weg.

JS: Wie steht es mit alten Menschen? Was lernt man von denen?

AJ: Ebenso wie bei Kindern ist es unschätzbar, was Menschen fortgeschrittenen Alters zu geben haben. Sie haben Erfahrungen, die ich nicht gemacht habe. In Tamarack habe ich einen Menschen erlebt, der wirklich die Würde und die Erfahrung, die natürliche Autorität und das Potenzial eines Ältesten hatte.

JS: Heute scheinen viele unserer Ältesten noch weniger als wir mit der Welt zurechtkommen.

BB: Nicht alle. Ich spreche viel mit meiner Oma. Sobald ich hinhöre, auch „zwischen den Zeilen" höre, ist da ganz viel Weisheit. Meine Oma, die 83 Jahre alt ist, musste im Krieg barfuß durch viele Länder fliehen. Sie erzählt mir ähnliche Weisheiten wie meine Lehrerinnen und Lehrer in der Natur. Hinter ihren Geschichten steckt die gleiche Botschaft: Man geht durch Schwierigkeiten und kann sich entweder anpassen oder querstellen. Alte Menschen sind näher an dem großen Übergang, sie wissen, bald ist das Leben vorbei. Durch sie bekomme ich eine ganz andere Perspektive, wähle andere Worte, erfahre eine ganz andere Energie. Ich schätze die Ältesten sehr und sehe es als eine Aufgabe für uns, gute Älteste zu werden.

JS: Ein schönes Lebensziel! Ihr habt so viel zu erzählen, da denke ich, dass die Wahrscheinlichkeit für euch hoch ist, dieses Ziel zu erreichen. Danke für das inspirierende Gespräch!

---

1 Erschienen in oya Ausgabe #5/2010, https://lesen.oya-online.de/texte/198-wo-die-wilden-kerle-wohnten.html – **https://archive.ph/pnz2b**

Beerenfülle in Muschelhülle

Pfeile begradigen,
Tanzania 2010

»Die Hadza gehen womöglich in direkter Linie auf die Hauptwurzel des menschlichen Stammbaums zurück, die hier mehr als 100.000 Jahre in die Vergangenheit reicht.«

Michael Finkel

Reise zu den Hadzabe

Bei meiner Recherche nach Kulturen und Gruppen, die noch einer ursprünglichen Lebensweise folgen, fand ich sehr schnell heraus, dass es eine fast nicht mehr existierende Minderheit auf unserem Planeten ist, die immer noch diesen „alten Weg" des Lebens geht. Eine dieser Gruppen sind die Hadzabe, die um den Eyasi See in Tansania ansässig sind. Da ich selber seit vielen Jahren diese ursprüngliche Lebensweise studiere und teilweise lebe, träumte ich schon lange davon, Menschen kennen zu lernen, die nie aufgehört haben, ein Dasein im Gleichgewicht mit ihrer natürlichen Umgebung zu führen. Wir Europäer haben uns von diesem Dasein schon vor mehreren Tausenden von Jahren entfernt, als wir vom Jagen und Sammeln zum Ackerbau und zur Viehzucht wechselten. Es gibt immer mehr Quellen und Wissenschaftler, die diese Veränderung als den ersten Schritt in Richtung moderne Zivilisation ansehen. Anstatt den Früchten und

Fischen sowie dem Rhythmus der Erde zu folgen, auf ihn zu hören, entschieden wir uns dafür, Kontrolle über unsere Essensbeschaffung zu erlangen, indem wir Samen säten und Tiere hielten.

Mein Besuch bei den Hadzabe war eine kleine, private Forschungsreise und natürlich viel zu kurz, um genug Informationen zu sammeln. Issa Ngimba war in dieser Zeit unser Guide und hat selber mit den Hadzabe für sechs Monate zusammengelebt. Meine mitreisende Partnerin und ich haben zwei Gruppen dieses Volksstammes besucht und viel mit Issa geredet, um so viele Informationen wie möglich zu sammeln. Natürlich behaupten wir nicht, die Lebensweise der Hadzabe ausreichend verstanden zu haben oder genug zu wissen, um ihre Kultur generell beschreiben zu können. Deshalb ist das Folgende ein Erfahrungsbericht aus der Sicht von Menschen, die selber auf diese ursprüngliche Art gelebt haben und ein großes Interesse an diesem Thema mitbringen.

Lebensumstände der Hadzabe

In der Region um den Lake Eyasi sind mehrere Gruppen der Hadzabe ansässig und gleichzeitig leben dort Viehzüchter, die mit ihren Tieren in die Jagdgründe der Hadzabe vordringen. Dies ist problematisch, da sie durch ihre Anwesenheit wilde Tiere verscheuchen, zusätzlich die Nahrungsgrundlage dieser Tiere beeinflussen und dadurch das natürliche Gleichgewicht beeinträchtigen. In den 70er Jahren versuchte die Regierung, die Hadzabe in Reservate umzusiedeln, doch die Hadzabe erklärten, dass sie lieber im „Busch“ leben wollen und kein Interesse an Reservaten hätten.

Die einzelnen Gruppen leben über das Land verteilt und bestehen jeweils aus 15-35 Personen. Die Gruppen und ihre Mitglieder bilden keine starren Einheiten, sondern verändern sich stetig. Bei unseren Besuchen haben wir dieselben Personen in verschiedenen Gruppen angetroffen. Die Hadzabe leben in der Trockenzeit ohne feste Behausung und sind Nomaden. Sie ziehen also umher, um ihre

Bedürfnisse nach Wasser und Nahrung zu stillen. In der Regenzeit bauen sie Hütten, um sich vor dem Wetter zu schützen, wechseln aber dennoch den Platz für ihr Lager von Zeit zu Zeit. Wenn sie zu einem neuen Standort ziehen, nehmen sie nichts außer ihren ganz persönlichen Dinge mit und lassen ihre Hütten einfach stehen, sofern sie überhaupt welche gebaut haben.

Tagebucheinträge

Wir haben uns mit Issa in Ghorofani, einem kleinen Dorf in der Nähe des Sees, verabredet und erreichen diese kleine Siedlung nach einer zweistündigen Fahrt in einem Land Rover, in dem ca. 14 Personen sitzen. Nachdem wir ein Zimmer bezogen und uns ausgeruht haben, treffen wir uns mit Issa zum Abendessen. Voller Neugier beginne ich, ihn über die Hadzabe auszufragen. Er antwortet stets ruhig und gelassen. Als Erstes sprechen wir über die Jagdgewohnheiten und er erzählt, dass die Jagd fast ausschließlich mit Pfeil und Bogen stattfinde und die Hadzabe Vögel, Affen, Kudus, Impalas, Antilopen, Gazellen und eine kleine Hundeart jagen. Das Jagen sei ausschließlich Männersache und finde meistens in den frühen Morgenstunden und zur Dämmerung statt. Sehr selten werden Jagdausflüge über mehrere Tage durchgeführt. Für die Jagd auf Vögel und Affen zögen die Jäger in Gruppen los und hätten Hunde dabei, die als Unterstützung dienen. Die Jagd auf große Säugetiere unternehme ein Mann alleine und benutze hierfür einen Giftpfeil, um das Tier zu vergiften und dann zu verfolgen. Er arbeite in diesem Fall auch ohne Hunde, da diese die großen Säugetiere aufschrecken und verscheuchen würden. Issa berichtet auch, dass es immer weniger große Tiere gäbe, während es vor nicht allzu langer Zeit noch Elefanten, Zebras, Giraffen und Büffel hier in der Gegend gegeben habe. Wenn ein Jäger zum Beispiel einen Büffel erlege, dann würde die Gruppe zum Ort des Geschehens ziehen, anstatt das gesamte Fleisch und die Haut zurück ins Camp zu transportieren. Laut Issa gibt es zwei Tiere, die die Hadzabe niemals jagen. Dabei handele es sich um Hyänen und Schlangen. Der Hintergrund dieser Ausnahmen sei Folgender: Da die Hyäne Leichen von Menschen fresse und sich damit unter anderem von ihren Vorfahren ernähre, werde sie nicht gejagt. Die Schlange werde nicht gejagt und gegessen, da die Hadzabe annehmen, dass das die Giftwirkung ihrer Pfeile beeinträchtigen könnte, jedoch würden sie das Fett der Schlangen als Medizin benutzen.

Nachdem unser Abendessen vorbei ist, verabreden wir uns für den nächsten Morgen, an dem wir die erste Gruppe besuchen wollen, um einen halben Tag mit ihr zu verbringen. Issa geleitet uns in unser Guesthouse, in dem es keinen Strom gibt, aber eine sehr nette Inhaberin, die wir noch zu schätzen lernen.

Am nächsten Morgen geht es also los und mit zwei Motorrädern fahren wir ca. acht Kilometer auf einer Sandstraße in den Busch. Angekommen an einem ausgetrockneten Fluss folgen wir einem Weg, der voller Spuren von Ziegen und Kühen ist, doch plötzlich halten wir an. Erst nach genauem Hinschauen können wir das versteckte Camp entdecken und mit langsamen, vorsichtigen Schritten nähern wir uns dem Lager. Es ist schon jetzt sehr warm, trocken und fast windstill und ich bin aufgeregt und sehr aufmerksam. Ich möchte wie ein Schwamm sein und versuche, alles zu sehen und zu beobachten, was ich kann.

Wir kommen ins Camp und grüßen zuerst die Männer mit „Mtana", was so viel wie „Hallo" bedeutet, da wir sie als erstes treffen. Sie sitzen etwa zehn Meter entfernt von den Frauen um ein Feuer und arbeiten an Pfeilen. Sie biegen Pfeilschäfte gerade, kleben Federn an, schnitzen Kerben und beschäftigen sich mit weiteren Arbeitsschritten, die zur Pfeilherstellung gehören. Die Frauen sitzen ebenfalls um eine Feuerstelle. Nach einer Weile kommt eine Frau vorbeigelaufen, die anscheinend Beeren sammeln war, und gibt einen Topf voller Beeren an die Männerrunde. Die Beeren werden im Kreis herumgegeben, aber nicht jeder bekommt davon etwas ab. Wir verbringen die restliche Zeit mit Handdrill-Feuermachen und besichtigen die einzelnen

Schlafplätze der Familien. Einer der Männer erzählt uns, dass gestern Abend ein Kudu von einem Jäger geschossen wurde und dieser seit dem Morgengrauen nach dem Tier suche. Zum Abschluss gehen wir auf einen kleinen Jagdstreifzug mit einer Gruppe von fünf Jungen. Sie versuchen, Vögel mit Pfeil und Bogen zu treffen und wir haben sogar das Glück, ein Kudu zu sehen. Leider entwischt es uns. Wir erreichen einen kleinen Hain, in dem es süße Früchte gibt und lassen es uns schmecken. Einer der Jungen macht gleich unter dem Beerenstrauch ein Feuer, auf dem er seinen gejagten Vogel röstet. Wir gehen zurück ins Lager, aber noch ist der Mann nicht zurück, der nach dem angeschossenen Kudu sucht. Wir verabschieden uns mit einem „Lobe'er", was so viel bedeutet wie „Auf Wiedersehen", und fahren zurück ins Dorf.

Am Abend treffen wir uns wieder mit Issa zum Abendessen. Wir sitzen am gleichen Tisch, im gleichen Restaurant und verzehren das gleiche Essen. Wir haben recht großen Hunger und ich denke an die Hadzabe und frage mich, ob sie das Kudu gefunden haben und ein Festessen veranstalten oder nicht? Issa erzählt uns, dass Frauen, die ihre Mondzeit haben, die Pfeile der Jäger nicht anfassen und auch keine Beeren für die Gemeinschaft sammeln würden. Auch die Männer dieser Frauen würden in dieser Zeit nicht auf die Jagd gehen.

Er erzählt uns, dass die Kinder der Hadzabe immer häufiger vor dem siebten Lebensjahr sterben würden und dass sie keine medizinische Versorgung wie wir hätten. Er berichtet auch, dass die Hadzabe ihrer eigenen Medizin mehr vertrauen als der der Doktoren des Dorfes und dass sie bei Schlangenbissen ganz bestimmte Pflanzen und Wurzeln verwenden würden. Voller Eindrücke, die verarbeitet werden wollen, legen wir uns nieder, um für den kommenden Tag ausgeruht zu sein. Heute besuchen wir eine andere Gruppe, in der es mehr Kinder und Kleinkinder gibt. Auch hier sitzen die Frauen und Männer getrennt und gehen ihren unterschiedlichen Aktivitäten nach. Überall sind kleine Feuerstellen zu sehen, die aus drei großen Steinen bestehen, auf die ein Topf zum Kochen gestellt wird.

Uns wird der nächstgelegene Baobab Baum gezeigt und Issa erklärt, dass dieser Baum auch „Falschrum-Baum“ genannt werde, da seine Krone wie die Wurzeln eines Baumes aussieht. Es ist ein großer Baum und er trägt noch ein paar Früchte. Gleichzeitig biete er ein Zuhause für zwei Bienenarten und beherberge manchmal Vögel. Die Hadzabe hauen Holzkeile in den Baum, um in die Krone zu steigen und den Honig der Bienen zu sammeln. Manche von diesen Bäumen speichern Wasser in ihrem Stamm, das man mit Hilfe einer bestimmten Technik herausschöpfen kann. Mit Wurfstöcken erbeuten wir ein paar Früchte und öffnen sie. Das Innere ist wie ein getrockneter Marshmallow, der leicht zitronig schmeckt und irgendwie erfrischend ist. Die Kerne kann man knacken: Sie schmecken nussig.

Am Feuer sitzen wir mit den Männern zusammen. Manche liegen herum, machen ein Nickerchen und manche schnitzen, biegen und werkeln an ihren Pfeilen. Dann bringt eine der Frauen eine Portion Beeren vorbei und wieder bekommen nicht alle davon etwas ab. Ein älterer Mann wendet sich an die Gruppe und Issa meint, er sage zu den anderen, dass sie sich immer, wenn es etwas zu Essen gäbe, einfach nehmen würden, ohne die Menge zu rationieren. Er scheint mir ein wenig verärgert zu sein.

Einer der Männer zieht einen steinernen Gegenstand aus dem Sand und zeigt ihn uns. Es ist eine Pfeife, die aus einem sehr weichen Stein gemacht wurde. Der Mann, der sie sich anzündet, war gestern in der anderen Gruppe, die wir besuchten. Er pafft ein wenig Tabak und gibt sie dann weiter. Sie verwenden zwei Pfeifen, von denen eine für Tabak und die andere für Marihuana bestimmt ist. Immer, wenn sich jemand eine Zigarette anzündet, wird sie geteilt und herum gegeben. Wir beobachten die Hadzabe (Männer und Frauen) oft beim Rauchen. Sie kaufen den Tabak von den Viehzüchtern. Nach einer Weile nehmen uns ein paar Jungen zum ausgetrockneten Fluss mit und zeigen uns ihren Bogenschießplatz. Eine Wurzel liegt ca. 15 Meter entfernt und wir probieren, sie zu treffen. Die Bögen sind kurz und sehr stark. Am Anfang ist es nicht einfach, damit zu schießen. Beim zweiten Schuss lande ich einen Treffer und nach ein paar Runden sind die Jungen dran. Sie schießen sehr schnell und präzise und einer von ihnen, der Älteste, ist ein sehr guter Schütze. Issa erklärt uns, dass die Kinder hier immer besser im Bogenschießen werden, weil sie oft Jagd spielen und dadurch üben würden.

Es ist fast mittags und die Wärme der Sonne wird stärker, deshalb kehren wir an die Feuerstellen zurück.

Vom Jungen zum Mann

Wir fragen Issa, ob es einen rituell begleiteten Übergang vom Jungen zum Mann gäbe und falls ja, wie dieser aussähe. Issa erzählt uns, dass ein Junge, wenn die Zeit gekommen sei, für zwei Wochen im Lager bleibe. Er werde geschmückt und die Ältesten der Gruppe würden ihn unterrichten. Er lerne, was es bedeute, sich „gut“ zu verhalten.

Giftherstellung für Pfeilspitzen

Auf die Frage, was die Hadzabe darunter verstünden, ist Issa ein wenig sprachlos, fügt aber hinzu, dass es wichtig sei, ehrlich zu sein. Außerdem vermittelt er uns, dass ein zentrales Anliegen sei, die Ältesten zu ehren. Sie bekämen deswegen meistens besonders nahrhafte Teile eines erbeuteten Tieres. Ebenso, fährt er fort, sei es von großer Bedeutung, dass die Ältesten die Jüngeren ehren. Nach diesem kleinen Exkurs zu den moralischen Werten des Stammes schildert er uns den weiteren Verlauf des Initiationsrituals. Nach den zwei Wochen werde ein ganz bestimmtes Fleisch gekocht, um es den Vorfahren zu opfern. Dieses Gericht dürfe nicht direkt im Camp zubereitet werden, sondern werde außerhalb der Siedlung hergestellt.

Nach dieser Unterweisung dürfe der Junge dann am „Epeme“ teilnehmen. Das sei ein traditioneller Tanz, bei dem die Hadzabe zu ihren Vorfahren sprechen würden. Laut Issa findet dieser in sehr dunklen Nächten (Neumond) statt und es sei den Jungen, die die Initiation noch nicht vollzogen haben, nicht erlaubt, daran teilzunehmen.

Über den Übergang der Mädchen weiß Issa nichts zu berichten und fragt bei einem der Männer nach. Dieser wiederum erzählt, dass die Mädchen bei ihrer ersten Mondzeit dekoriert und geschmückt würden und der Wandel so zelebriert werde.

Mädchen und Jungen würden bei den Hadzabe beschnitten, sagt Issa und im Laufe eines Kinderlebens bekomme das Kind verschiedene Namen. Er erzählt, dass es nach bestimmten Entwicklungspunkten einen neuen Namen für ein Kind gäbe. Wenn es zum Beispiel andere Nahrung außer der Muttermilch zu sich nehme, dann bekomme es einen neuen Namen.

Heute Abend wollen die Männer auf Affenjagd gehen und bieten mir an mitzukommen. Bei dieser Jagd wandern sie zum Stammbaum der Affen und entfachen rund um den Baum ein Feuer, um die Affen davon abzuhalten zu fliehen. Im Morgengrauen klettern die Hadzabe auf die Bäume und erbeuten die Affen mit Pfeil und Bogen. Im Verlauf des Tages gehen wir noch ein Mal Beeren sammeln. Als wir zurückkommen, haben sich die Männer kurzfristig doch gegen die Affenjagd entschieden, da sie sich nicht sicher sind, wo sich der „Stammbaum" der Affen befindet. Wir sitzen in der nachmittäglichen Hitze im Kreis der Frauen und schauen ihnen bei Handarbeiten zu. Eine Frau singt ein Lied und Issa erzählt, dass es von dem Dank an ihren Gott handele. Der Dank gelte den gefundenen Früchten des Baobab-Baumes, die sie im Gegensatz zu anderen gefunden und geerntet hätten.

Heute ist unsere erste Nacht im Lager der Hadzabe, deshalb wird unser Zelt von den unverheirateten Männern der Gruppe bewacht. Sie haben noch keine eigene Familie mit der sie die Nacht verbringen und können deshalb in unserer Nähe schlafen, um uns ein Gefühl von Sicherheit zu vermitteln. Sie schlafen in unserer Nähe, bis wir im Morgengrauen zu einer weiteren Jagd aufbrechen wollen.

Die Jagd

Bevor das erste Licht durch die Nacht bricht, verständigen sich die Jungen mit den Männern und versammeln sich an einem Feuer. Es werden Pfeile und Bögen überprüft, währenddessen rauchen die Männer noch zusammen ihre Pfeifen. Wir wollen zu einem Platz wandern, an dem es Affen gibt, um sie zu jagen. Mit drei Jungen gehe ich los. In schnellem Tempo überqueren wir das Flussbett und streifen entlang des Flusses. Zwei Hunde begleiten uns, um uns bei der Affenjagd zu unterstützen. Auf dem Weg zu den Affenplätzen halten die Jungen die ganze Zeit Ausschau nach Vögeln, die sie ebenfalls jagen wollen. Dabei laufen sie manchmal hintereinander und manchmal nebeneinander. Jeder von ihnen ist sehr aufmerksam und setzt sich mitunter von der Gruppe ab, um Dinge und Stellen zu untersuchen. Währenddessen bleiben sie mit Pfeifensignalen im Kontakt mit der Gruppe. Wir schießen zwei Vögel, die die Jungen sich an den Gürtel stecken. Es ist nicht einfach, mit ihnen Schritt zu halten und gleichzeitig auf Spuren und Zeichen zu achten. Da ich sie gebeten hatte, mir unterschiedliche, mir noch unbekannte Spuren zu zeigen, deuten sie mehrmals auf Tierfährten hin. Dabei bleiben sie aber nicht wirklich stehen, sondern benutzen ihre Hände, um während des Gehens Informationen über das Tier weiterzugeben. Dann auf einmal geht alles ganz schnell! Die Hunde preschen los und die Jungen hinterher. Es gibt Gepfeife und viel Bewegung im dichten Unterholz und ich versuche mein Bestes, den Jägern in diesem Dornengestrüpp auf der Spur zu bleiben. Ich verliere sie aus den Augen und sehe plötzlich ein graues Tier am Boden entlang sausen.

Ein wenig später finde ich die Jungen wieder, die im Unterholz sitzen. Über ihnen kauert verschreckt ein Affe, der sich wegen der Hunde nicht aus dem Baum herunter traut. Einer der Jungen klettert in das Geäst, um eine gute Schussposition zu bekommen. Er schießt den Affen und zieht den leblosen Körper nach unten. Kurz darauf ziehen wir weiter und bleiben nach zehn Minuten wieder am Flussbett stehen. Per Handdrill entfachen wir ein Feuer, stapeln Holz auf, der Affe wird auf den Haufen gelegt und so samt Fell im Stück gebraten. Die Jungen teilen großzügig mit mir und ich komme in den Genuss von Affenhirn, Leber und Fleisch. Abgerundet mit ein paar köstlichen Beeren entsteht so ein stärkendes Mahl. Wir treten den Rückweg zum Lager an und ich spüre auf der einen Seite die Erschöpfung nach mehreren Stunden intensiver Jagd, aber auch die Energie, die durch das Essen in mir aufsteigt.

Den Rest des Tages verbringen wir um das Feuer sitzend, Feuerholz sammelnd und Pfeile fertigend. Am Abend sieht es so aus, als würden die Männer erneut auf die Jagd gehen. Ich schließe mich ihnen an. Wir gehen eine kurze Strecke, bis wir einen Beerenbaum erreichen, der voller reifer Beeren ist. Zu meiner Überraschung bleiben wir bei dem Baum und verzehren vor Ort sehr viele dieser leckeren, geleeartigen Früchte. Es wird viel erzählt und gelacht. Schließlich nehmen wir, nachdem wir alle bis über alle Maßen gesättigt sind, noch ein paar große, mit Beeren bestückte Äste für die Frauen mit. Im Sonnenuntergang kehren wir zurück.

Am folgenden Morgen fühle ich mich zu schwach, um jagen zu gehen und bleibe im Lager. Interessanterweise entschließen sich daraufhin die Jungen und Männer auch, im Lager zu bleiben, um dort anderen Aktivitäten nachzugehen. Einer der Männer war unterwegs und hat Pfeilschäfte besorgt, um damit neue Pfeile zu fertigen. Er teilt seine „Beute" mit mir und der Gruppe, so dass ich selber Hand anlegen kann und die Pfeilschäfte durch Erhitzen und Biegen begradigen. Martin, der Mann, der die Pfeilschäfte geholt hat, zeigt mir, wie er seine Pfeile verziert und weiht mich in seine Technik ein. Er sagt, dass andere durch die Art und Weise, wie er seine Pfeile dekoriere, seine Pfeile erkennen würden.

Wir haben Issa gefragt, ob die Frauen uns einmal auf eine Wanderung mitnehmen können, um uns zu zeigen, welche Wurzeln sie ausgraben. Sie stimmen zu und so brechen wir am folgenden Tag zusammen auf. Ungewöhnlicherweise machen sich die Frauen in der Mittagshitze auf den Weg und wir folgen ihnen zusammen mit zwei uns noch unbekannten Jungen. Wir erreichen eine Art Graben, an dem uns die Frauen zeigen, welche Wurzeln man wie ausgräbt. Sofort gibt es eine Verkostung und nachdem wir ca. 30 Stück zweier verschiedener Wurzelsorten gesammelt haben, machen wir uns auf den Rückweg. Wir legen die Wurzeln auf das Feuer, wo sie erhitzt, dann geschält und schließlich gegessen werden. Einer der Männer holt sich zwei Wurzeln ab und bringt sie zur Männergruppe.

Diese sitzt versammelt im Schatten um ein Feuer zwischen drei Steinen mit einem Topf darauf. Issa erzählt uns, dass die Männer gerade dabei seien, Gift für die Pfeilspitzen herzustellen. Sie haben das Holz eines bestimmten Baumes in Wasser gekocht und extrahieren danach daraus einen Sud, der schließlich erhärtet und auf die Pfeilspitzen aufgetragen wird. Es ist sehr spannend, ihnen dabei zuzuschauen. Auffällig ist, dass der Großteil der Arbeit von älteren Jungen gemacht wird und die Erwachsenen nur zuschauen und manchmal Hinweise geben. Ich frage Issa nach dem Hintergrund dieser Vorgehensweise und er erläutert mir, dass es wichtig sei, dass die Jüngeren durch Erfahrung lernen würden, wie gewisse Dinge funktionieren. Als wir dann die Gruppe fragen, um welches Holz es sich handele und wie stark das Gift sei, antworten oft mehrere Männer gleichzeitig. Jeder wirft noch etwas ein oder fügt etwas zu dem bereits Gesagtem hinzu.

Heute ist unser letzter Abend und wir bitten Issa, den Hadzabe zu übermitteln, dass wir ihnen gerne für Fragen, die sie interessieren, zur Verfügung stünden. Es wird ein spannender Abend mit regem Austausch: Die Hadzabe sind neugierig, wie es bei uns aussehen und welche Tiere bei uns leben würden. Ganz besonders interessieren sie sich dafür, wie viel ein Bräutigam an die Familie der Braut geben müsse, wenn er sie heiraten wolle. Als wir ihnen berichten, dass es nicht üblich sei, dass ein Bräutigam viele Geschenke an die Brautfamilie überreiche, lachen sie und sagen, dass wir uns wirklich glücklich schätzen können. Am Abend entdecke ich den Nordpolarstern und erkläre der Gruppe, dass sie erst, nachdem sie ein ganzes Jahr lang in die Richtung dieses Stern gewandert seien, bei uns ankommen würden. Leises Staunen breitet sich unter den Anwesenden aus. Gemeinsam um das Feuer sitzend, klingt der Abend aus und die dunkle Nacht umhüllt unser Lager. Zwei sehr verschiedene Kulturen miteinander im Dialog und interessiert aneinander. Es fühlt sich besonders und bedeutsam an.

Abschied

Heute ist unser letzter Tag bei den Hadzabe. Die Tage mit wenig Essen, viel Bewegung, wenig Wasser und ständigem Aufenthalt im Freien bei hohen Temperaturen haben ihre Spuren hinterlassen. Die Komfortschwellen, die wir durchschreiten müssten, um uns hier zu Hause zu fühlen, werden sichtbar. Issa kommt morgens in das Lager, um uns abzuholen. Wir hatten am Tag zuvor ausgemacht, dass wir den Hadzabe eine Ziege zum Dank für ihre Gastfreundschaft schenken möchten. Deshalb gehen wir zu den Nachbarn, die Viehzüchter sind, und erstehen eine Ziege für umgerechnet zehn Euro. Diese schenken wir der Gruppe zum Abschied. Auch mein Messer vermache ich Martin, der sich sehr darüber freut. Gespannt warten wir auf das Ziegen-Festessen. Bis zur Schlachtung wird die Ziege festgebunden und alle gehen derweilen ihren Alltagsbeschäftigungen nach. Wir nutzen die Zeit, um all unsere Sachen zusammenzupacken und machen uns abfahrbereit. Plötzlich herrscht hektisches Treiben im Dorf, da die Ziege sich losgerissen hat und flüchten will. Fünf Männer verfolgen das Tier und haben es schnell wieder eingefangen. Nach diesem Fluchtversuch werden umgehend frische Zweige gesammelt und die Ziege wird auf einem aufgeschichteten Bett aus Zweigen geschlachtet, wobei jeder Tropfen Blut aufgefangen wird. Das Häuten geht sehr schnell und präzise vonstatten, die inneren Organe werden mit dem Blut zusammen gekocht. Die Haut wird am Boden aufgespannt und getrocknet, um sie später zu Kleidung zu verarbeiten. Um die Haut weich zu bekommen, benutzen die Hadzabe tierisches Fett. Eine Frau kommt vorbei, um den Magen-Darmtrakt der Ziege abzuholen. Dieser wird etwas abseits in einem Topf bei den Frauen gekocht. Ich werde mit leckeren Fleischstücken und Leber versorgt, parallel zu meiner Versorgung bekommen auch alle anderen etwas ab. Obwohl die Schlachtung einer kostbaren Ziege ein seltenes Ereignis bei den Hadzabe ist, scheint alles sehr organisiert und ruhig abzulaufen. Es gibt keine Beschwerden und die

Kinder werden von den älteren Männern mit Fleisch versorgt. Als die Organe aufgegessen sind, liegt die Ziege immer noch auf den Ästen und nun holen sich die Frauen den Rest ab, der hauptsächlich aus Fleisch und Knochen besteht, und bringen ihn zu ihrer Feuerstelle.

Es ist ein wirklich schmackhaftes Festessen und als Letztes fragen wir Issa, ob einer der älteren Männer uns noch eine Geschichte erzählen könne. Tatsächlich erklärt sich einer der Gruppe bereit und erzählt uns die Legende eines Mannes, der von seinen Leuten verlassen wurde und fast verhungert wäre. Er verwandelte sich kurz vor seinem Tod in ein Tier und begann, Menschenfleisch zu essen. So wurde er zu einer gefürchteten Kreatur, die auch Durchreisende angriff. Ein Mann, der einen dieser Angriffe überlebte, entschied sich, noch einmal in das nach Menschenfleisch stinkende Gebiet zu reisen und die Kreatur zu töten. Nachdem er seinen Plan erfolgreich umgesetzt hatte, kehrte er in die Dorfgemeinschaft zurück und wurde von seinem Stamm für seine Tat gefeiert. Eine typische Heldengeschichte, der Sieg des Guten über das Böse. Ein schöner Abschluss unseres Abenteuers bei den Hadzabe, einer der ältesten indigenen Kulturen dieser Erde.

Unser Guide, Issa Ngimba, ist in der Gegend des Eyasi Sees aufgewachsen. Seine Familie hat schon in den 60er Jahren japanischen Anthropologen geholfen, die Hadzabe zu studieren. Im Jahre 1994 lebte er sechs Monate mit den Hadzabe, während er einen japanischen Anthropologen bei seinen Studien als Guide begleitete. Issa ist einer der wenigen Guides, der Swahili, Englisch und die Sprache der Hadzabe spricht.

Leseempfehlungen

→ James Stephenson: The Language of the Land – Living Among a Stone-Age People in Africa

→ National Geographic Magazine: The Hadza
https://www.nationalgeographic.com/magazine/article/hadza
– https://archive.ph/0CXuN

Primitiv Feuer entfachen – eine magische Begegnung mit dem Drilbogen

VIDEO

https://massel.net/vPFe

Wildniswoche mit Familien

»Sie haben mich alle erzogen. Alle halfen dabei. Meine Tante hat mich erzogen; mein Vater und meine Mutter haben mich erzogen; meine Großmutter hat mich erzogen.«

Nisa, !Kung San Frau, 1900

Sucht Euch einen Clan

Die Mehrheit der Erwachsenen ist in dem zurzeit klassischen Modell der Kernfamilie aufgewachsen, in dem sich zwei Erwachsene, die Eltern, um die „Erziehung“ ihrer Kinder kümmern. Manchmal leben Onkel, Tanten oder Großeltern noch so nah, dass sie die Eltern unterstützen, allerdings können konträre Ansichten über Erziehungsstile dazu führen, dass es keine gemeinsame Basis gibt und damit auch keine wirkliche Unterstützung. Immer häufiger leben die Eltern nicht in einer Partnerschaft und so ist einer von beiden alleinerziehend. Damit sind die Eltern oder sogar nur ein Elternteil in der Hauptverantwortung, alle Bedürfnisse ihrer Kinder zu befriedigen.

Diese Situation ist unbefriedigend, da ein Kind mit bestimmten Erwartungen auf die Welt kommt. Auch wenn Eltern sich in ihrer Präsenz und Bewusstheit ihrem Kind gegenüber üben, bleiben in dieser Kernfamiliensituation immer Bedürfnisse unbefriedigt. Eventuell sind die Eltern nach einiger Zeit frustriert, unzufrieden oder gestresst und die Kinder bedürftig, unruhig und sie verlieren das Vertrauen, dass für sie gesorgt sein wird. Ein Teufelskreis beginnt, in dem das Eingehen auf die Bedürfnisse der Kinder immer ein Defizit der eigenen Bedürfnisbefriedigung mit sich bringt. Das führt auf lange Sicht dazu, dem Kind nicht mehr das geben zu können, was es braucht. Diese Einsicht ist schmerzhaft und für beide oder die ganze Familie unbefriedigend. Erfahrungsgemäß wird daraufhin häufig an der Kommunikation, der Wohnsituation oder der persönlichen Entwicklung gearbeitet. Das sind ohne Frage wichtige Schritte hin zu einer zufriedenen Familie. Jedoch fehlt oft der Blick auf das ganze System und dessen Struktur.

Die Erwartungen des Kindes

> *„Wenn wir, ganz willkürlich, den Beginn der Menschheitsgeschichte vor einer Million Jahren ansetzen, dann waren wir während 99 Prozent dieser Geschichte alle Jäger und Sammler. (...) Wo man auf Jäger und Sammler trifft, leben sie in kleinen Gruppen zusammen (typischerweise 20 bis 50 Personen inklusive der Kinder), die innerhalb großer und doch umgrenzter Gebiete von Ort zu Ort ziehen, wobei sie dem verfügbaren Wild und der Vegetation folgen. Ihre gesellschaftlichen Grundwerte, wie sie von nahezu allen Forschern, die sich mit ihnen beschäftigt haben, beschrieben werden, sind Freiheit, Teilen und Gleichberechtigung. Im Allgemeinen besitzen wir diese Werte in modernen demokratischen Kulturen.“* PETER GRAY

Der Mensch hat die meiste Zeit seiner Existenz als Jäger und Sammler gelebt. Wer dieser Spur nachgeht, dem wird schnell klar, dass ein Kind unbewusst davon ausgeht, dass es in einen Clan geboren wird, in dem es viele Erwachsene und Kinder verschiedenen Alters gibt, die sich um das Wohl des Kindes kümmern. Für 99 Prozent der Menschheitsgeschichte hat sich „ein ganzes Dorf“ um die Bedürfnisse der Kinder gekümmert und diese hatten Tag und Nacht

die gleichen Spielkameraden, mit denen sie aufwachsen und lernen konnten. Zusätzlich hatten diese Clans ein gemeinsames Verständnis von der Begleitung ihrer Kinder und schufen so einen sehr Halt gebenden Rahmen. Dieser Clan gab den Eltern die Möglichkeit, weiterhin ihren Aufgaben im Leben nachzukommen und somit ihr Talent in die Gemeinschaft einzubringen. Das half ihnen dabei, selbst zufrieden und ein lebendiges Vorbild für die Kinder zu sein, und gleichzeitig konnten sie aus einem Zustand der Fülle und Erfülltheit besser auf die Bedürfnisse ihrer Kinder eingehen. Die Kinder konnten enge und vertrauensvolle Beziehungen zu verschiedenen Erwachsenen und Kindern aufbauen und genossen so die Vielfalt verschiedener Vorbilder und Spielkameraden. Anstatt gleichaltriger, homogener Gruppen gab es gemischte Gruppen, in denen es weniger Konkurrenz gab und in denen die Kinder durch freies Spiel lernen konnten. Die Großeltern zum Beispiel konnten ihre Erfahrung in der Kindererziehung einbringen, da sie selbst andere Verantwortungen im Clan trugen und damit auch mehr Zeit hatten. So gaben sie den Eltern die Möglichkeit, Zeit für sich und ihre Aufgaben zur Verfügung zu haben. Somit trugen alle zu einem Großen und Ganzen bei und anstelle von Bedürftigkeit war es möglich, ein Umfeld der Fülle zu erschaffen.

Dieser kleine Exkurs in die ursprüngliche Lebensweise des Menschen soll helfen zu verstehen, warum die Antwort auf viele Erziehungsprobleme in der westlichen Kultur in der Struktur der Familie liegt. Für Eltern, die sich in den oben beschriebenen Problemen wiederfinden und ein gemeinschaftliches Leben wünschen, ist es wichtig und dringend notwendig, sich auf den Weg zu machen, einen Clan zu gründen.

Erfahrungen aus Familiencamps

Was passiert, wenn sich Familien und Singles zusammenfinden, um den Kindern und sich selbst ein gemeinschaftliches Leben zu ermöglichen? In den letzten Jahren habe ich viele Projekte begleitet, in denen Menschen sich für eine Woche oder sogar einen Monat zusammenfanden, um genau dieses Clanleben wiederzuerwecken. Immer wieder ist es ein Kulturschock für die meisten, wenn sie nach einer gewissen Zeit merken, dass sie Unterstützung und Halt angeboten bekommen. Bei einem dieser Projekte, dem Wild Moon, lebten wir für einen Monat in der schwedischen Wildnis und imitierten das Leben eines Jäger-und-Sammler-Clans.

Wir haben uns dafür entschieden, diese einmonatigen Erfahrungen auch für Familien zu öffnen und haben in den letzten Jahren viele Erfahrungen damit gemacht. Sobald Eltern bereit waren, sich darauf einzulassen, nicht mehr alle Bedürfnisse ihres Kindes selbst stillen zu müssen, sondern auch andere „Clanmitglieder" übernehmen können, tritt der oben genannte Kulturschock ein. Plötzlich fällt eine große Last von den Eltern ab. Zum Beispiel gab es eine Familie mit einem Kind, das die Eltern regelmäßig mit Stoffwindeln wickelten. Mehrere Male am Tag gingen sie zu dem dafür vorgesehenen Platz auf der Insel, um die Windeln zu waschen. Nach einigen Tagen äußerten die Eltern ihren Unmut über das häufige Waschen und das Hin- und Hergehen und so kam die Frage auf, warum es nicht Aufgabe der ganzen Gruppe sei, für saubere Windeln zu sorgen. Anfänglich schien es für die beiden Eltern fast unmöglich so zu denken, aber mit der Zeit halfen auch Kinderlose oder andere Eltern mit, um für das Wohl des Kindes zu sorgen.

„Zeit für sich" entstand oft dann, wenn sich Gruppen bildeten, die Aktivitäten wie dem Sammeln von Beeren oder dem Erkunden der Gegend nachgingen. Die Kinder konnten sich aussuchen, welcher Aktivität sie nachgehen wollten und verbrachten so Zeit ohne die Eltern. Das waren oft ungewohnte Momente für die Eltern, da sie nun mit der Situation konfrontiert waren, nachzuspüren, wie sie ohne durch die Kinder entstehende Pflichten ihren Tag verbringen wollten. Diese Freiheit stellte häufig einen weiteren Kulturschock dar. Langsam fand durch die Unterstützung des Clans eine Rückverbindung zu den persönlichen Interessen statt und damit wuchs die Zufriedenheit. Kamen die Kinder von ihren Ausflügen mit anderen Erwachsenen zurück, erwartete sie oft ein freudiger und erfüllter Elternteil wieder.

Gerade hier liegt für Alleinerziehende ein großes Potential wieder mehr Entspannung und eigene Fülle zu erleben. Sich mit Leuten zu umgeben, die sich aktiv für das gemeinsame Begleiten der Kinder („Co-Parenting") entscheiden und somit für Entlastung sorgen, ist Gold wert. Eine wichtige Rolle für Clans nehmen Singles und Kinderlose ein. Kommen nur Familien zusammen, entsteht schnell wieder eine Situation, in der die Aufmerksamkeit und Zeit der Erwachsenen nicht ausreicht, um ein Leben im Gleichgewicht zu erschaffen. Erwachsene ohne Kinder können den ganzen Clan unterstützen und damit für Entlastung sorgen. Außerdem können sie so ihre ersten Erfahrungen im „Eltern-Sein" machen und lernen allmählich, wie es sich anfühlt, was eine Familie braucht.

Das Beispiel der Artgerecht-Camps

Ein Vorteil des Clanlebens für alle Beteiligten ist die Möglichkeit, auf verschiedene Vorbilder und Impulse zu stoßen. Durch das Beobachten, wie andere miteinander umgehen, können Eltern neue Ideen für den eigenen Umgang mit ihren Kindern bekommen. In den „Artgerecht-Camps" 2012 haben wir in ein einwöchiges und naturnahes Clanleben auch Austauschrunden und Themenkreise integriert. Dieser Austausch erwies sich als sehr wertvoll, da Eltern die Chance hatten, verschiedene Perspektiven auf persönliche Anliegen zu bekommen. Im besten Fall war es sogar möglich, diese neuen Perspektiven dann gemeinsam in den Alltag zu integrieren.

Ein Beispiel aus einem anderen Familiencamp: Das Kind einer Familie mit zwei Kindern setzte sich häufig jammernd auf den Boden, um so ein Eingreifen des Vaters zu erwirken, obwohl das Befriedigen seines Bedürfnisses auch in seiner eigenen Kompetenz lag (zum Beispiel zum Versammlungskreis zu kommen, wo wir ein Spiel spielten). Das Kind weinte dann und schien hilflos, woraufhin der Vater oder die Mutter das Kind fast automatisch aus dieser misslichen Lage „rettete“ und es zum Kreis trug. Nach vielen Variationen der gleichen Dynamik in der Woche gab es, wie mit allen Eltern, ein Gespräch über persönliche Anliegen und Themen. Die Mutter des Kindes interessierte sich dafür, wie sie ihr Kind unterstützen könnte, sich von seinem Verhalten zu lösen und mehr Selbstwirksamkeit zu erleben. Nach einem gemeinsamen Austausch schlugen wir vor, dem Kind in Zukunft die Möglichkeit zu geben, selber die Initiative zu ergreifen, wenn es möglich war. Es war in den kommenden Tagen manchmal schwer für die Mutter, Situationen auszuhalten bzw. die Dynamik zu durchbrechen, in denen das Kind es gewohnt war, gerettet zu werden. Stattdessen unterstützte sie das Kind darin, selber Verantwortung zu übernehmen und zu uns in den Kreis zu kommen. Dazu ist wichtig zu sagen, dass wir in diesen für das Kind neuen Situationen immer beim Kind blieben, um ihm emotional Beistand zu leisten. Es war sehr erstaunlich zu sehen, wie es ihm in kurzer Zeit gelang, selber die Initiative zu ergreifen und sich das zu holen, was es wollte und dafür auch eine Strecke zurückzulegen. Stück für Stück war es so möglich, aus der hilflosen Haltung herauszukommen und mit Freude an der Gemeinschaft teilzunehmen. Dafür brauchte es die gemeinsame Wahrnehmung und die liebevolle Unterstützung der Eltern und des Kindes. Nicht nur in diesem Fall sind Eltern oft sehr dankbar für die Perspektive von außen, da sie sich in oft wiederholenden Dynamiken befinden, die sie selber nicht mehr überblicken. Wenn dann mit einer Offenheit und einem Vertrauen eine Kultur entsteht, in der ehrliches Feedback wertgeschätzt wird, hilft dieser Austausch enorm dabei, ein ausgeglicheneres Leben in Gemeinschaft zu führen.

Die Entstehung einer Kinderkultur

Kinder sind „Selbsterziehungsexperten“ titelt Peter Gray, Professor für Psychologie, der verschiedene Jäger- und Sammlerkulturen studierte und schaute, wie die Kinder sich das enorme Wissen aneigneten. Immer wieder wurde dabei klar, dass Kinder im Spiel miteinander und durch Imitieren der Erwachsenen lernen. In einem Clan, in dem es eine Gruppe von Kindern in verschiedenen Altersstufen gibt, kann eine Kultur entstehen, die eigenständig ist. Unter den aufmerksamen Augen der Erwachsenen können die Kinder von- und miteinander lernen. Nur nach Bedarf ziehen sie Erwachsene zu Rate, da sie Freude darin finden, selbstständig zu lernen und zu wachsen. In einem der Wild Moons fingen die Kinder nach einiger Zeit an, selber zu kochen und nach einem eigenen Kochtopf zu verlangen. Also entstand eine Feuerstelle für die Kinder, wo sie kochen, schneiden und Feuer machen konnten. Sie fühlten sich damit sehr ernst genommen und wertgeschätzt und baten nur bei Bedarf um Hilfe, die ihnen gern gegeben wurde. Dieses selbstermächtigte Leben unterstützt Kinder zu kooperieren, Rollen zu finden, Konflikte zu lösen und Verantwortung zu übernehmen und es entsteht keine unnötige Abhängigkeit von den Erwachsenen. Auf natürliche Weise schafften sich die Erwachsenen Zeit für eigene Aktivitäten, wenn die Kinder für sich selber sorgten, wo es ihnen möglich war. Die Kinder konnten mit den Erwachsenen essen oder kochen, wenn sie wollten. Es war eine phänomenale Entwicklung besonders deshalb, weil die Kinder sich nun nicht mehr wegen des Essens beschwerten, sondern sich über ihre selbst zubereiteten Gerichte freuten und stolz waren.

Mut zur Gemeinschaft

Es ist meine Erfahrung, dass sehr viele Menschen sich nach Gemeinschaft sehnen, besonders Familien und alleinerziehende Eltern spüren schnell die Dringlichkeit von helfenden Händen und anderen

Kindern. Gerade, wenn es darum geht, die Kinder wachsen zu lassen, wird schnell klar, dass es dafür auch einen passenden Rahmen braucht. Spannenderweise ist all das nichts Neues, sondern eine Rückkehr zu dem, was Menschen ursprünglich sind. Kinder sich selber unterrichten zu lassen, war die Art und Weise vieler naturnaher Kulturen, mit ihren Kindern umzugehen. Sie taten das für hunderttausende von Jahren in dem Wissen, dass es funktioniert. Wer zu dieser natürlichen Art und Weise des Lebens zurückkehrt, dem wird klar, was es dafür früher wie auch heute brauchte: Einen Clan. Unsere Kinder ermutigen uns dazu, diese alten und erprobten Dinge wieder in die Hände zu nehmen, um sie für unser modernes Leben zu adaptieren. Das Fundament dafür ist die Gemeinschaft.

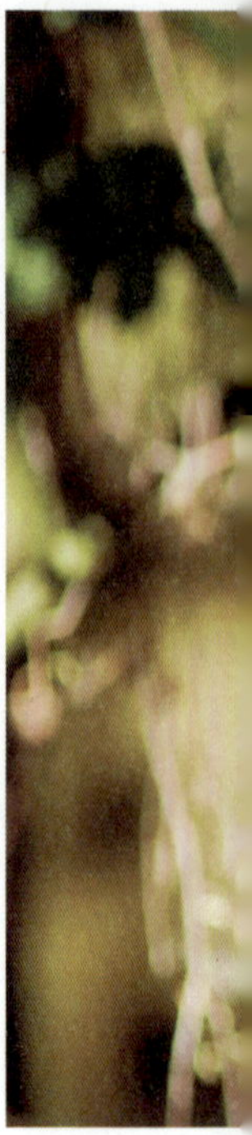

Leseempfehlungen

- Carola Eder: Auf den Spuren des verlorenen Glücks
- Catherina Rust: Das Mädchen vom Amazonas
- Michaeleen Doucleff: Kindern mehr zutrauen

Natur & Heilen

Mit der Sprache des Waldes zu sich selbst finden

Durch die Verbannung der Natur aus unserem täglichen Leben entfremden wir uns nicht nur mehr und mehr von natürlichen Lebensabläufen, sondern auch von uns selbst. Wie befreiend kann es sein, sich sehr viel Zeit zu nehmen und einen besonderen Platz im Wald durch alle Jahreszeiten hindurch zu beobachten, auf diese Weise Stück für Stück ein Teil von ihm zu werden und die eigene innere Begrenzung aufzuheben.

In unserer Gesellschaft wird die Erfahrung natürlicher Rhythmen und Abläufe größtenteils aus dem alltäglichen Leben verbannt. Die meiste Zeit sind wir umgeben von Technik, Häusern und Autos und leben in Gebieten mit hoher Bevölkerungsdichte ohne persönliche Beziehungen zu unseren Nachbarn. Wir wachsen inzwischen von Kindheitsbeinen an in einer digitalen Welt auf, einer Scheinwelt, die Kindern die Gelegenheit verwehrt, echte, sinnliche und sinnvolle Erfahrungen mit anderen Kindern, Erwachsenen und Tieren sowie mit ihrer natürlichen Umwelt zu machen: Einer Welt, in der es schwerfällt, das große natürliche Netz zu erleben, in das wir Menschen und damit auch jeder Einzelne von uns eingebunden ist.

Ursprünglich in die Natur eingebunden

Unsere Geschichte als Spezies Mensch war dadurch gekennzeichnet, dass wir die meiste Zeit in einer sehr engen Beziehung zur Natur standen. Für den Großteil unserer menschlichen Existenz lebten wir als Jäger- und Sammlerverbände, die als enge Gemeinschaften den Rhythmen der Natur folgten. Das bedeutet, dass wir auf eine starke Naturverbindung angewiesen waren, um zu überleben. Ohne einen expliziten Lehrplan oder Unterricht, lernten wir von klein auf, wo es welche Tiere, Pflanzen, Bäume und Steine gab und wann man sie auf welche Art und Weise nutzen konnte. Um Gefahren zu vermeiden und andere Tiere zu jagen, mussten wir sehr aufmerksam sein, im Moment leben und unsere Sinne schärfen.

Wir waren jeden Tag in dem sich immer verändernden, dynamischen Zusammenspiel des Lebens aktiv eingebunden und entwickelten direkte Beziehungen zu all dem, was uns umgab. Diese Lebensweise war auch geprägt von einem engen Kontakt mit anderen Menschen, da wir in Kleingruppen wohnten und voneinander abhängig waren. In diesen Gemeinschaften lebten wir als Kreis zusammen, respektierten einander und teilten die Geschenke der Natur in Dankbarkeit miteinander – wohl wissend, dass sie nicht immer selbstverständlich zur Verfügung standen und alle aufeinander angewiesen waren.

Diese Lebensweise ist unsere biologische Vergangenheit und es ist noch nicht so lange her, dass wir aufgehört haben, so zu leben. Daraus wird verständlich, auf welche Weise unsere Bedürfnisse nach Beziehungen zu anderen Menschen und zu unserer Umwelt geformt wurden und wie sehr wir ursprünglich darauf ausgerichtet sind, mit der Natur verbunden zu sein, um zu überleben. Naturerfahrung ist also die Wurzel des „Baumes“ Mensch und für lange Zeit waren wir so eng und tief mit der Erde verbunden wie die Wurzeln einer alten Eiche.

Nicht nur Kinder brauchen Erfahrungen in der Natur

Zurzeit gibt es eine weltweit wachsende Bewegung, die sich dafür einsetzt, dass Kinder, Jugendliche und Erwachsene ihre Beziehung zur Natur wiederentdecken und stärken. In fast allen Ländern der Erde erkennen verschiedenste Wissenschaftler, Pädagogen und vor allem Eltern, dass es ihren Kindern gut geht, wenn sie viel Zeit draußen verbringen. Natur- und Wildnisschulen, Nachmittagsprogramme, Wildnis-Klassenfahrten und viele andere Projekte haben es sich zur Aufgabe gemacht, das „Natur-Defizit-Syndrom“, wie Richard Louv es vor einigen Jahren in seinem Buch LAST CHILD IN THE WOODS bezeichnete, durch starke und intensive Naturerfahrung aufzulösen.

> *„Je mehr Sinne beim Lernen beteiligt sind, desto besser prägt sich einem Kind die neue Erkenntnis ein. Das beste Spielmaterial bietet dabei die Natur. Wenn Kinder zum Beispiel mit Blättern spielen, tun sie das mit mehreren Sinnen gleichzeitig. Sie nehmen den harzigen Geruch wahr, fühlen die Blattadern, unterscheiden verschiedene Farbtöne, verändern die Form des Blattes durch Zerrupfen oder Falten. Kinder lernen also durch unmittelbares Erleben.“*
>
> GERALD HÜTHER

Es ist uns allen klar, was Natur bedeutet, aber wie ist es eigentlich mit dem Begriff Erfahrung? Für lange Zeit ging es in der Bildung und auch in der schulischen Umweltbildung um die Weitergabe von Wissen und Informationen. Die Kinder waren zwar im Freien, aber die Art und Weise des Naturerlebnisses war dem Klassenraum sehr ähnlich. Glücklicherweise gibt es in den letzten Jahren immer mehr

Erkenntnisse, Projekte und Veröffentlichungen, die uns zeigen, dass Lernen am besten durch Erfahrung vor Ort stattfindet.

Aber nicht nur Kinder brauchen Hilfe, sich allmählich wieder der Natur zu nähern. Auch viele Heranwachsende und ältere Menschen sind durch den Alltagstrott so weit davon entfernt, sich überhaupt erinnern zu können, wie ein Sternenhimmel im Winter oder im Sommer aussieht, welche Tierlaute wie zu verstehen sind oder wie es sich anfühlt, dem Summen von Bienen und dem Rascheln und Schmatzen eines Igels zuzuhören.

Es ist also wichtiger, Naturphänomene ganzheitlich wahrzunehmen, anstatt viel über sie zu wissen. Beim Entdecken einer Tierspur im Wald geht es darum, jede kleine Nuance zu erkennen, den Boden zu fühlen, um Rückschlüsse auf das Gewicht des Tieres zu ziehen. Wenn ich beispielsweise einem Fuchs auf der Spur bin, dann werde ich dieser Spur folgen und versuchen, meinen Geruchssinn aufmerksam zu halten.

Meine Sinne, das heißt „meine Leitungen", verknüpfen sich mehr und mehr mit dem Phänomen im Außen und für einen Augenblick verschmelze ich mit dieser Erfahrung. Nach einiger Zeit merke ich, dass ich Veränderungen der Geschwindigkeit in der Spur wahrnehme, ohne viel Wissen über die Gangarten des Tieres zu haben. Ich merke, wie das Tier plötzlich langsam wurde und stehen blieb. Als ich mich umblicke, befinde ich mich kurz vor einer Lichtung und spüre plötzlich die Anspannung und Vorsicht, die das Tier hier wahrscheinlich empfand. Gleichzeitig entdecke ich Fraßspuren und weitere Pfade im Wald. So entsteht vor meinem geistigen Auge eine ökologische Karte der Umgebung, gleichzeitig findet Stück für Stück erfahrungsbasiertes Lernen statt.

Wenn ich also gleichzeitig alle meine Sinne einsetze und vor allem eine fragende Haltung einnehme, dann verbindet sich meine Erfahrung mit dem ganzen Netz des Waldes. Anstatt mich mit theoretischem Wissen zufrieden zu geben, habe ich nun eine direkte Beziehung zu allen Dingen um mich herum aufgebaut.

Wieder auf die Sprache des Waldes hören

Ein anderes, ganz praktisches Beispiel für die Auswirkungen von intensiver Naturerfahrung kann anhand der Vogelsprache verdeutlicht werden. Es ist ein Sachverhalt, viel Wissen über einen Vogel und seine Eigenschaften anzuhäufen, eine ganz andere Erfahrung ist es aber, seine Lebensweise so lange zu beobachten, bis ich anhand seiner Rufe, seiner Gestik und seines Verhaltens etwas über seinen Gefühlszustand sagen kann. Wenn ich mich für längere Zeit nur einem für mich besonderen Stück Wald widme (und dieser Bereich kann sehr klein sein), dann fallen mir allmählich immer wiederkehrende Muster in der Natur auf. Die unter allen Lebewesen bestehenden Beziehungen werden hör-, spür- und riechbar. Eines dieser Muster könnte zum Beispiel sein, dass ich den Ruf der Kohlmeise kennenlerne, wenn sie eine Gefahr aus der Luft wahrnimmt.

Am Anfang meiner Reise in die Natur ist es mir gar nicht aufgefallen, dass es einen solchen Ruf überhaupt gibt. Doch jetzt, nachdem ich die Meise viele Stunden beobachtet habe, fällt es mir leicht, diesen markanten, hochtönenden Ruf zu erkennen. Es geht sogar so weit, dass ich wieder – wie beim Verfolgen der Spur – ihre Anspannung und die Alarmbereitschaft spüre und mich blitzschnell nach der Gefahr aus dem Himmel umsehe. Als ich nach oben blicke, fällt mir ein vorbeifliegender Habicht auf und ich bin nicht wirklich überrascht von seinem Besuch. Nein, eher freue ich mich, dass ich mit meinen Sinnen die subtilen Nachrichten der Sprache des Waldes verstanden habe.

Langzeitwirkungen

Durch die wiederkehrenden Erfahrungen und die Sensibilisierung der Sinne entwickeln Menschen über kurz oder lang eine beschützende und erhaltende Einstellung gegenüber der Natur. Sie erleben eine starke emotionale Bindung zu den Lebewesen und haben erfahren, dass es eine Art „dynamisches Gleichgewicht" in der

Schleichspiel mit Kindern

Natur gibt. Dieses Gleichgewicht verändert sich ständig und jeder einzelne Organismus spielt dabei seine ganz eigene, unersetzbare Rolle. Es ist die durch nichts zu ersetzende Erfahrung, dass sich jeder Schritt, jede schnelle Bewegung und jeder Wettereinfluss direkt auf dieses Gleichgewicht auswirken kann. Langsam kann sich daraus das Bedürfnis entwickeln, zu Hütern dieses Lebensraumes zu werden: Die Bewahrung der Natur wird zur Herzensangelegenheit.

Eine weitere Langzeitwirkung ist der Anstieg von Energie und Ausstrahlung. Wenn unsere „Leitungen" der Sinne ständig stärker werden und wir intensive Erfahrungen zulassen, so steigert sich natürlich auch unser Potenzial an Freude, Kreativität und Vitalität. Ich habe beispielsweise Jugendliche gesehen, deren Neugier und Lebenslust schon in jungen Jahren fast erloschen waren. Ihr ganzer Körper strahlte Lustlosigkeit aus und das Funkeln in ihren Augen war nicht mehr zu sehen. Dieselben Jugendlichen waren nach einiger Zeit regelmäßiger, intensiver Naturerfahrung erfüllt von Neugier und Lebensfreude. Sie hatten eigene Ideen für Naturabenteuer und keine Spur, kein Rätsel ließ sie unberührt. Ihre ihnen innewohnende Neugier wurde wieder geweckt und natürlich waren diese Heranwachsenden dann auch in allen anderen Bereichen des Lernens viel besser. Dadurch, dass sie selber wieder Lust am Entdecken, Ausprobieren und Kreieren hatten, fiel ihnen das Lernen als solches leichter. Die Fähigkeit, durch

Sinnesschulung im Moment zu sein und seine Aufmerksamkeit im Hier und Jetzt zu fokussieren, ist eine Gabe, mit der wir auf die Welt kommen. Durch das sinnliche Erleben des Augenblicks in der Natur erlangen wir diese wichtige Fähigkeit zurück. Es sollte der Wunsch eines jeden sein, wieder wie die Kinder zu werden, um sich durch den Dialog mit der Natur langsam, aber stetig, wieder geistig zu verjüngen.

Innere Spurensuche

Als eine weitere Wirkung von Naturerfahrung sind Prozesse zu nennen, die in den Beziehungen zu anderen und zu sich selbst stattfinden. Wie bereits angesprochen, erleben wir das Gefühl von Gemeinschaft und wechselseitiger Abhängigkeit, wenn wir uns auf die Natur „einlassen". Menschen, die diese Erfahrung immer wieder machen, verändern allmählich auch die Beziehung zu sich selbst. Die geschulten Sinne und die steigende Aufmerksamkeit im Außen richten sich nun nach innen. Eigene Muster werden besser erkannt und es kann ihnen wie Spuren im Schnee auf den Grund gegangen werden – es beginnt eine innere Spurensuche. Dieser Prozess des Wiedererwachens ähnelt dem Schälen einer Zwiebel, in dem wir uns Schicht für Schicht unserem eigenen, inneren Kern nähern und unser natürliches Selbst wieder zum Vorschein kommt. Wir entdecken, dass es einen Unterschied gibt zwischen dem, was wir als automatisierte Gewohnheiten aus unserer Vergangenheit mit uns herumtragen und unserem spontanen und kreativen Anteil, der im Moment lebt und Neugier, Gefühlsverbundenheit und Vertrauen kennt. Wir dringen immer tiefer vor in unser ganz eigenes Potenzial, in unseren eigenen „Urwald". Unsere persönlichen Geschenke und Talente kommen unter diesen Schichten hervor und damit auch das Bedürfnis, unsere persönliche Gabe mit der Gemeinschaft zu teilen. Sich selber in den Dienst des großen allumfassenden, dynamischen Gleichgewichts der Natur und seiner Gemeinschaft zu stellen, wird zu einer Erfüllung und Antriebskraft, die das eigene Leben beeinflusst und vor allem bereichert. Nach all diesen Erfahrungen und dem „neuen" Bewusstsein für sich selber, seine Gemeinschaft und die Natur, ist klar geworden, dass Geben und Erhalten das Gleiche ist und es keine Trennung zwischen ihnen gibt. Da alles miteinander verbunden und der Mensch Teil des großen Kreises ist, heben sich die Grenzen zwischen mir und den anderen, mir und der Natur auf. Das Ausleben der eigenen Vision, das Geben meiner Talente werden zur Erfüllung und treibenden Kraft für den weiteren Weg.

Gefühl der Richtigkeit

Es ist klar, dass nicht vollständig aufgezeigt werden kann, welch weitreichende Auswirkungen Naturerfahrungen auf den Menschen haben. Nur das Erleben kann uns etwas lehren. Unser Sinnesapparat ist dafür konstruiert worden, in das Netz der Natur eingebunden zu sein. Das permanente, subtile und vielfältige Reizspektrum der Natur unterstützt dabei die volle Entwicklung des menschlichen Potenzials und damit seine ganz persönliche Entwicklung. Wir alle kennen das Gefühl der Gelassenheit und des Friedens, wenn wir Zeit in der Natur verbringen. Dieses Gefühl der Richtigkeit und des Wohlfühlens ist neben den vielen wissenschaftlichen Quellen ein erfahrbarer Hinweis für die Notwendigkeit von Naturverbundenheit. Mithilfe all dieser auf natürliche Weise erworbenen Erkenntnisse können wir Entscheidungen treffen, die für die kommenden Generationen hilfreich sind.

Indem wir selber für uns sorgen und unsere natürlichen Sinne wieder mehr schärfen, sind wir das beste Vorbild für unsere Kinder und Kindeskinder. Wir können uns gegenseitig dabei unterstützen, all unsere Sinne, unsere Kreativität, Neugier und Persönlichkeit in unser Leben zu integrieren. So werden wir alle unseren Platz im Leben besser finden und erkennen, dass wir Teil einer großen Gemeinschaft sind, die so viel älter ist als wir selber. Die Natur hat uns gezeigt, dass jedes Lebewesen einzigartig und besonders ist. Mit diesem Vertrauen und dieser eigenen Wertschätzung machen wir uns alle – Kinder wie Erwachsene – auf den Weg, uns voll zu entfalten.

Leseempfehlungen

→ Andreas Weber: Mehr Matsch: Kinder brauchen Natur

→ Clemens Arvay: Der Heilungscode der Natur

→ Dolores LaChappelle: Heilige Erde – Heiliger Sex

Netzwerk der Wildnisschulen in Europa: https://wildnet.earth/de

◀)) HÖRFASSUNG
https://massel.net/MbNv

*»Jeder Teil dieser Erde ist meinem Volk heilig,
jede glitzernde Tannennadel, jeder sandige Strand,
jeder Nebel in den dunklen Wäldern, jede Lichtung,
jedes summende Insekt ist heilig in den Gedanken
und Erfahrungen meines Volkes.«*

HÄUPTLING SEATTLE

Menschen brauchen Naturverbindung

Um den Planeten zu retten, braucht es viele mutige Veränderungen. Eine davon ist, Verbundenheit zu unserer Erde zu entwickeln, indem wir sie nicht nur vom Schreibtisch in Form von Zahlen und Prognosen analysieren, sondern eine persönliche Beziehung zu ihr besitzen. Das bedeutet einen Bruch mit unserer rational dominierten Herangehensweise und Offenheit für etwas, das wir Menschen zu 99 Prozent unserer Existenz immer besaßen: Naturverbundenheit!

> *„Vor dem Hintergrund der genannten Erkenntnisse verwundert es übrigens nicht, dass die langfristige Naturverbundenheit eines Menschen mit dessen Glück zusammenhängt, wie eine Metaanalyse von 30 Studien mit insgesamt 8.523 Personen ergab. Das Naturerlebnis bewirkt Glück, Zufriedenheit und Gesundheit. Im Hinblick auf unser Thema (Einsamkeit) ist jedoch von größter Bedeutung, dass sich das Naturerlebnis auch günstig auf den sozialen Zusammenhalt einer*

> *Gemeinschaft auswirkt. Menschen werden zu ‚besseren Menschen', wenn sie sich in der Natur aufhalten; sie können nicht nur klarer und kreativer denken und sind besser gestimmt sowie langfristig gesünder, sondern sie verhalten sich sogar in moralischer Hinsicht menschlicher in dem Sinne, dass sie sich etwas weniger um sich selbst und etwas mehr um andere kümmern. In der Natur sind ihnen Werte wie Gemeinschaft und Verbundenheit wichtiger und materielle Werte unwichtiger. Dies hat zur Folge, dass es durch das Naturerlebnis nachweislich zu einer Verminderung von Aggressivität, Gewalt und Kriminalität kommt. Warum ist das so?"*
>
> MANFRED SPITZER

Es vergeht kein Tag, an dem die Klimakatastrophe nicht meinen Alltag streift und in den Medien ist sie ein wichtiges Thema. Dabei bemerke ich immer ein Unbehagen und den Wunsch, mich zu diesem Thema zu äußern, um die Diskussion über unseren Planeten zu bereichern. Ob mir das gelingt, weiß ich nicht. Mein Wunsch, diese Erde und seine Mitgeschöpfe mit Respekt und Achtung zu behandeln, veranlasst mich aber dazu, meinen Standpunkt zu schreiben. Ich arbeite seit über 16 Jahren vor allem an einem Bereich: der Naturverbundenheit. Meine Aufgabe ist es, Menschen dabei zu unterstützen, sich mit der Natur verbunden zu fühlen und zu erkennen, dass wir modernen Menschen die ersten sind, die sich als getrennt von der Natur erleben. Viele von uns handeln, als gäbe es einerseits die Natur und andererseits den Menschen. In meinen Weiterbildungen und Lehraufträgen biete ich den Teilnehmenden die Möglichkeit, Zusammenhänge nicht kognitiv zu begreifen und dann Zahlen und Fakten in ihrem Neocortex zu speichern, sondern sich ganz tief berühren zu lassen. Entsprechend ist es nicht ausreichend, Naturerfahrungen auf Informationen und Fakten zu reduzieren und diese rein theoretisch zu reflektieren. Ich werde mich deshalb hauptsächlich auf meine gemachten Erfahrungen fokussieren und diese mit wissenschaftlichen Erkenntnissen untermauern.

Wenn ich Menschen jeden Alters in unterschiedlichen Settings in die Natur mitnehme, zeige ich ihnen dort, wie sie in dieser ihrer Heimat leben könnten. Ich lese mit ihnen Spuren, studiere das Leben der Tiere, sammle und genieße essbare, heilsame Pflanzen und Kräuter, mache mit ihnen auf „primitive" Weise Feuer, baue Unterkünfte, die komplett regional und saisonal sind, lehre das leise, ganz aufmerksame Wandeln in der Natur sowie vieles andere mehr. Die größte Herausforderung ist es für meine TeilnehmerInnen oft, nur in der Natur zu sein oder ziellos wie ein Kind in der Natur umherzuschweifen. Als Wildnispädagoge und Überlebenstrainer habe ich im Laufe meiner Ausbildung selber bis zu einem Jahr komplett in der nordamerikanischen Wildnis gelebt und gelernt, dass wir alle vor nicht allzu langer Zeit als Jäger und Sammler gelebt haben. Zu etwa 97 Prozent unserer Existenz als Homo Sapiens waren wir eng verbunden mit der Natur und lebten angepasst an ihre Rhythmen, nahmen, was wir brauchten und kannten nur die Natur als unser Zuhause. Lassen wir dies einen Augenblick wirken.

Es gab eine Zeit, da waren wir immer draußen und fühlten uns dort zu Hause. Jeden Tag, jede Stunde mit dem Gefühl, dass das unser Platz ist. Wir sind biologisch dafür gemacht, so zu leben und es bedarf nicht viel, um die Symptome zu erkennen, die entstehen, wenn wir nun hauptsächlich domestiziert leben.

> *„Wir sind nicht nur Kultur-, sondern auch Naturwesen. Viele Zivilisationskrankheiten, die im Zeitalter der Industrialisierung dramatisch zunehmen, lassen sich nur verstehen, wenn wir uns mit der Vergangenheit unserer Spezies auseinandersetzen."*
>
> CLEMENS ARVAY

Es ist an dieser Stelle nicht möglich, auf alle Aspekte einzugehen, aber es sei gesagt, dass die Art, wie wir aßen, wie wir uns bewegten, wie wir unsere Kinder im Lernen begleiteten, wie wir unsere Kinder gebaren, wie wir alte Menschen behandelten, wie wir unsere Gesellschaft gestalteten und wie wir konsumierten, sich deutlich von der heutigen unterschied. Als Jäger und Sammler haben wir im Durchschnitt 3,5 Stunden pro Tag gearbeitet, um unseren Lebensunterhalt zu verdienen.[1] Immer, wenn ich dies Menschen erzähle, sind sie überrascht, da sie annehmen, dass wir mit fortschreitender Zivilisation unser Leben erleichtert haben. Dies stimmt so nicht unbedingt. Erst mit Einführung des Ackerbaus, der sogenannten neolithischen Revolution, die sich in unserer Region zu Zeiten des Ötzis abspielte, begann die Arbeitszeit zu steigen. Plötzlich gab es Besitz, zu schützenden Überfluss, Kontrolle sowie pflanzliche und tierische Gefangene. Immer, wenn ich in Diskussionen höre: „So sind wir halt" oder „so ist der Mensch halt", frage ich mich, ob die Menschen, die solches sagen, auch das Leben vor der Einführung der Landwirtschaft studiert haben. Auch wenn diese Lebensart – geschichtlich gesehen – scheinbar lange vorbei ist, ist unsere derzeitige Lebenssituation geschichtlich gesehen ein ganz neues Experiment mit ungewissem Ausgang.

Vieles von dem alten Wissen indigener Kulturen findet heute wieder Anerkennung und ich erforsche diesen Themenkreis nun seit 16 Jahren. Fast jeden Tag entdecke ich etwas in „nativen" Kulturen, was mir für die heutige gesellschaftliche Situation relevant erscheint. Mir ist bewusst, dass eine Idealisierung der damaligen Lebensweise nicht hilfreich ist und es auch in diesen Zeiten zu Konflikten, temporären Hungersnöten und kriegerischen Auseinandersetzungen kam.

An dieser Stelle soll es aber nur um die Naturverbundenheit gehen, also um eine Beziehungsqualität zwischen dem Menschen und seiner Lebensgrundlage, der Erde. Mir scheint, als würde das Wissen über die Natur und die natürlichen Abläufe immer mehr zunehmen, die Verbundenheit mit der Natur jedoch drastisch sinken. Nebenbei bemerkt sind viele neue Erkenntnisse oftmals Einsichten, die native Kulturen bereits hatten, aber nicht wissenschaftlich beweisen konnten. Immer wiederkehrend ist dabei die Annahme ursprünglich lebender Kulturen, dass alles miteinander verbunden ist. Für mich ist diese Weltsicht sehr nachvollziehbar und deckt sich mit meiner langjährigen Naturbeobachtung. Nur der zivilisierte Mensch hat es geschafft, Dinge so abgetrennt voneinander zu betrachten und sich damit aus dem Kreis des Lebens, dem Geben und Empfangen, zu verabschieden. Ich denke, die Quantenphysik ist ein gutes Beispiel dafür, dass die allverbundene Ansicht nativer Kulturen auf feinstofflicher Ebene zutrifft.

> *„Der Physiker Professor Efstratios Manousakis von der Florida State University in Tallahassee ist davon überzeugt, dass die Quantenphysik die Universalsprache des Universums ist. Der Wissenschaftler geht davon aus, dass seit dem Urknall große Bereiche des Universums miteinander verschränkt sind und ein steter Informationsaustausch stattfindet. Seiner Meinung nach ist jedes Individuum ein Teil eines großen Ganzen, da auch die komplexen Vorgänge des Bewusstseins den Regeln der Quantenphysik unterliegen. Diesem Weltbild zufolge befinden wir uns in einem partizipatorischen Universum und sind aktive Teilnehmer eines sprichwörtlich universellen Dialogs.“* [2]

Wie sehr wir Menschen auf die Natur reagieren, zeigt sich, wenn wir Zeit in ihr verbringen. Spannenderweise wirkt die Natur direkt körperlich. Sobald wir zurück nach „Hause“ kommen, werden in unserem Körper Prozesse in Gang gesetzt, die wunderbar erscheinen. Auch hier kann ich nur die Wichtigsten herausgreifen, um zu beschreiben, wie fundamental die Wirkungen sind:

Stress

In Japan wurden in 24 verschiedenen Wäldern des Landes Menschen vor und nach Waldspaziergängen untersucht und es wurde folgendes festgestellt: Aufenthalte in der Natur sind stressreduzierend, lassen Puls und Blutdruck sinken und erwirken eine Abnahme der Cortisol-Konzentration. Diese angeordneten Waldspaziergänge nennen sich dort „shinrin-yoku“ und befinden sich in Deutschland gerade im Aufwärtstrend unter dem Namen „Waldbaden“. Die stressreduzierende Wirkung lässt die Pharmaindustrie vielleicht erzittern und würde sich für eine breit angelegte Marketing-Kampagne der deutschen Forste eignen. Ich selber habe das schon mit einigen Förstern besprochen. Ich finde es so berührend, dass in einer Gesellschaft, die unter chronischem Stress leidet, der sehr viele Folgeerkrankungen nach sich zieht, die Natur uns die Möglichkeit bietet, uns zu entspannen. Wir müssen sie nur aufsuchen.

Gesundheit

Mittlerweile ist durch die japanischen Studien des Waldbadens auch belegt, dass ein Aufenthalt im Wald die Anzahl der natürlichen Killerzellen im Immunsystems deutlich ansteigen lässt und ihre Aktivität steigert und dass dieser Effekt wiederum noch viele Tage anhält. Außerdem steigt das Niveau der Anti-Krebs-Proteine im Körper, mit denen das Immunsystem Krebs vorbeugt oder im Falle einer Krebserkrankung den Tumor bekämpft. Das geht soweit, dass nur schon das Betrachten der Natur oder eines Fotos der Natur Effekte auf unsere Gesundheit haben.

> *„So hatten Gefängnisinsassen in Michigan weniger Aufenthalte in einer Sanitätszelle, wenn ihre Zelle auf Ackerland statt auf den Gefängnishof blickte. Eine Gefängnisstudie zeigte, dass Gefangene mit Blick auf Natur weniger Krankmeldungen, Verdauungsbeschwerden und Kopfschmerzen hatten als solche ohne einen solchen Blick.“* [3]

Wertewandel

Menschen, die Natur intensiv erleben, indem sie zum Beispiel die Vogelsprache studieren oder Tierbeobachtungen machen, entwickeln intime Beziehungen zu den Tieren und Pflanzen. Wenn sie wie durch meine vermittelnde Unterstützung lernen, vom Land zu leben und sich draußen zu Hause zu fühlen, dann erleben sie am eigenen Körper die Abhängigkeit von der Erde. Ihr Feuer, ihr Wasser, ihr Essen, ihre Unterkunft kommen direkt aus ihrem Umfeld und sie begreifen, dass ihr Wohlbefinden aus der Natur kommt und ohne sie kein Leben möglich wäre. Diese fast schon triviale Aussage ist bei den meisten Menschen nicht im Herzen verankert, sondern ein Gedanke. Je öfter Menschen diese Abhängigkeit – Interdependenz – jedoch leben, desto mehr stellen sie voller Respekt fest, dass die Natur sie beschenkt und sie empfinden Dankbarkeit und auch Demut. Schnell ändern sich die Prioritäten im Leben und es ist eine immer wiederkehrende Erfahrung in 15 Jahren Begleitungsarbeit, dass Menschen einen Wertewandel durchmachen, wenn sie sich auf die Reise in die Natur einlassen. Meist fällt ihnen auf, wie wenig sie eigentlich brauchen, um glücklich zu sein und dass ihnen zwei Dinge wirklich wichtig sind: in Gemeinschaft und naturverbunden zu leben.

> *„Das Naturerlebnis lässt also nachweislich unseren Egoismus schrumpfen, als würde unser Ego angesichts von Bergen und Tälern, Bäumen und Flüssen kleiner, wie andere Studien zeigen konnten."*
>
> Manfred Spitzer

Die Kinder

Kinder sind und brauchen Natur und ihre Entwicklung wird von intensivem Naturkontakt meist günstig beeinflusst. Grob gesprochen sind Kinder, die viel Zeit draußen verbringen, gesünder, sozial kompetenter, aufmerksamer und konzentrierter, motorisch weiter entwickelt und zeigen fantasievolleres und vielfältigeres Spielverhalten als Kinder mit wenig Naturbezug. Außerdem lindern Naturaufenthalte die Symptome von AD(H)S. Diesen Zusammenhang konnte ich selber bei einem achtwöchigen Projekt mit Kindern, die von AD(H)S betroffen waren, in den Schweizer Alpen beobachten. Leider wird genau dieser Naturkontakt heutigen Kindern erschwert, was in einer im Jahre 2010 durchgeführten Befragung von 3.000 SchülerInnen der sechsten und neunten Klasse mit den Worten des Geo-Chefredakteurs Peter-Matthias Gaede folgendermaßen beanstandet wurde:

> *„Sie haben über 3.000 Jungen und Mädchen aus sechsten und neunten Klassen aller Schulformen in sechs Bundesländern befragt und kommen zu dem Schluss, dass wir es mit einer ‚erschreckenden Naturvergessenheit' zu tun haben. Mit einer ‚selektiven Naturwahrnehmung' ohne ‚Erfahrungsfundament'. Mit einer ‚Naturdistanz', in der die Auffassung von Umwelt immer abstrakter und formeller wird."*

Neben diesen klar messbaren Einflüssen auf die kindliche Entwicklung möchte ich gerne von meinen Erfahrungen aus der Arbeit mit Kindern und Jugendlichen hinzufügen, dass Kinder, die in der Natur eine Zeit lang leben und Wärme, Essen, Wasser und vieles mehr von ihr geschenkt bekommen, eine sehr starke Dankbarkeit und Wertschätzung der Natur gegenüber entwickeln. Damit meine ich nicht die von Pädagogen initiierte Einsicht, dass die Natur doch ganz wichtig sei, sondern ich erlebe Kinder, die von sich heraus „Danke" sagen. Sie haben nämlich erlebt, dass sie nur durch die Geschenke der Bäume Wärme genießen, indem sie eine Hütte gebaut haben und ohne zivilisierte Hilfsmittel, also nur mit Hilfe von Holz ohne Streichhölzer und Feuerzeug, Feuer entfacht haben. Sie sagen den Pflanzen „Danke", weil der Spitzwegerich ihnen bei Mückenstichen hilft, sie die Breitwegerichsamen lecker finden und der Sauerklee so wunderbar schmeckt.

Sie sagen den Tieren „Danke", weil sie sich gefreut haben, nach langem Schleichen oder Stillsitzen ein Reh gesehen zu haben oder weil die Felle, auf denen sie am Feuer sitzen, von den Tieren kommen und ihnen Wärme und Behaglichkeit bieten, anstatt wie oftmals als Müll entsorgt zu werden. Sie sagen dem Wasser „Danke", weil sie in einem wunderschönen See baden und sich abkühlen konnten. Mancher Dankeskreis in meinen Camps lässt mich weinen und Gänsehaut bekommen, weil es mich berührt, zu spüren, dass diese Kinder die Chance hatten, Naturverbundenheit zu erfahren und dass daraus Wertschätzung entsteht und diese nicht vom Pädagogen unterrichtet, sondern vorgelebt wurde.

Ich mag das Zitat eines Jungen erwähnen, welcher in einem abendlichen Spiel voller Begeisterung bemüht war, sich unbemerkt anzuschleichen und dafür teilweise minutenlang bewegungslos im Gras lag, nur um sein Ziel zu erreichen. Er berichtete nach dem Spiel Folgendes:

> *„... und dann, voll krass! Bin ich mit dem Boden fusioniert!"*

Das ist das Ziel meiner Arbeit, die intime Verbundenheit zwischen Mensch und Natur bis zu dem Punkt, an dem wir feststellen, dass wir eins sind mit der Mutter Erde. Lasst uns dazu die nativen Alten befragen und hören, was sie zu sagen haben, wenn es darum geht, mit Kindern rauszugehen:

> *„Die Alten wussten, dass das Herz eines Menschen, der sich der Natur entfremdet, hart wird. Sie wussten, dass mangelnde Ehrfurcht, Wertschätzung von allem Lebendigen und allem, was da wächst, bald auch die Ehrfurcht und Wertschätzung vor den Menschen absterben lässt. Deshalb war der Einfluss der Natur, der die jungen Menschen feinfühlig machte, ein wichtiger Bestandteil ihrer Erziehung."*
>
> LUTHER STANDING BEAR

Moderner formuliert, beschreibt ein Kinderarzt diese natürliche Erziehung der Kinder in der Natur folgendermaßen:

> *„Natur stellt für Kinder einen maßgeschneiderten Entwicklungsraum dar. Eine Erfahrungswelt, die genau auf die Bedürfnisse von Weltentdeckern zugeschnitten ist. Hier können sie ihre Segel setzen. Hier bläst der Wind, den sie für ihr Gedeihen brauchen. In der Natur können sie wirksam sein. Hier können sie sich auf Augenhöhe selbst organisieren. Hier können sie an ihrem Fundament bauen. Zeit in der Natur ist Entwicklungszeit."*
>
> HERBERT RENZ-POLSTER

Meiner Meinung nach brauchen wir die Natur und den regelmäßigen Kontakt zu ihr für unsere physische, seelische und emotionale Gesundheit und vor allem dafür, um nicht der Illusion anheimzufallen, getrennt von ihr zu sein. Aus dieser Verbundenheit und auch aus einer gefühlten Wertschätzung heraus gilt es dann, sich den aktuellen Problemen zu stellen: Dem Artensterben, der Vergiftung des Bodens und Grundwassers, der Überflutung mit Plastik und Mikroplastik, der Verschmutzung der Luft und ja, auch der vom Menschen erzeugten Veränderungen des Klimas. Wie können wir das bewerkstelligen? Hier schließt sich der Kreis. Wir können zurückschauen und erkennen, dass das Leben unserer jagenden und sammelnden Vorfahren dafür Lösungen bereithält.

Wir müssen dafür nicht zurück in die Steinzeit. Jeder ist gefragt, seinen Weg zu finden, aber wie wäre es mit folgender Herangehensweise: Iss und konsumiere so regional und saisonal wie möglich, lebe gemeinschaftlich, sodass du sozial erfüllt bist, damit du nicht zu kompensatorischem Konsum greifen musst. Beschränke deine Mobilität auf ein Minimum, weil du da zufrieden bist, wo du lebst. Arbeite weniger. Du erinnerst dich an die 3,5 Stunden! Verbringe mehr Zeit im Wald mit Freunden und Familie. Lerne den Unterschied zwischen wollen und brauchen und freue dich, deine wahren Bedürfnisse zu befriedigen, anstatt die von der Werbeindustrie erzeugten Wünsche erfüllen zu wollen. Hüte deine dich umgebende Natur und schaue, was die Pflanzen und Tiere, das Wasser und der Boden brauchen, damit es ihnen gut gehen kann. Neben der eventuell kommenden Klimakatastrophe gibt es seit vielen Jahrzehnten genügend Raubbau an unserem Planeten, der unser aller Aufmerksamkeit und Handeln braucht. Mit einer gefühlten und gelebten Verbundenheit zur Natur wird der Naturschutz zur Herzenssache. Anstatt einander wegen der Fragen um die Ursachen des Klimawandels zu bekämpfen, sollten wir uns verbinden, und die Orte, die wir bewohnen, so gut wie möglich hüten und pflegen.

Als inspirierendes Beispiel sei hier die Geschichte von Theodore Roosevelt erzählt, der 1903 von John Muir in das Yosemite Tal begleitet wurde und dort mit ihm drei Tage in der Wildnis verbrachte. Der US-amerikanische Präsident bekam sozusagen einen Wildniskurs und durch den permanenten Aufenthalt im Freien war er von der Schönheit und Bedeutsamkeit der wilden Natur ergriffen. Aufgrund dieser naturverbindenden Erfahrung erschuf er 5 Nationalparks, 150 „National Forests“, 51 Vogelschutzgebiete, 4 Wildschutzgebiete, 18 Nationaldenkmäler und vieles mehr.[4] Wir brauchen also direkte Erfahrung mit der Natur, damit sie uns berührt. Darum meine Empfehlung: Geht raus und nehmt eure Kinder mit!

Bis bald im Wald!

---

1 Marhshall Sahlins: The original affluent society
https://www.appropriate-economics.org/materials/Sahlins.pdf

2 http://wissenschaft.pr-gateway.de/wie-alles-mit-allem-uber-die-quantenphysik-verbunden-ist/ – **https://archive.ph/qshqC**

3 https://www.wanderforschung.de/files/gruentutgut1258032289.pdf

4 https://nationalparksadventure.com/the-camping-trip-that-changed-the-nation/ – **https://archive.ph/ccVJBw**

Leseempfehlungen

→ Clemens Arvay: Der Biophilia Effekt

→ Dolores LaChapelle: Weisheit der Erde

→ Richard Louv: Das letzte Kind im Wald

🔊 HÖRFASSUNG
https://massel.net/DgGd

»Wir lebten zufrieden unter dem großen Gesetz des Friedens. Uns wurde gelehrt Gesellschaften zu gründen, die auf den Prinzipien Freiheit, Fairness, Gerechtigkeit und auf der Kraft des guten Verstandes fußten.«

Oren Lyons

Das große Gesetz des Friedens hat sechs Nationen über Jahrhunderte Frieden, Gerechtigkeit und Gleichheit gebracht. Es war ein hochkomplexes System, welches auf Konsens, Respekt, Fairness und einem Gleichgewicht zwischen Mann und Frau beruhte. Es räumte darüber hinaus der Souveränität und Freiheit des Einzelnen große Bedeutung ein. Diese alten, indigenen Prinzipien des nordamerikanischen Nationenbündnisses der Irokesen können uns bei der Transformationen in eine echte freiheitlich-demokratische Grundordnung den Weg weisen.

Angesichts der aktuellen Lage stellt sich mir die Frage, wie wir das gescheiterte Demokratie-Modell reparieren oder revolutionieren, um wirklich zu einem besseren, gemeinsamen Leben zu gelangen. Vorwürfe oder Kritik an unserem aktuellen Gesellschaftsmodell sind legitim und aktuell besonders wichtig, genauso wichtig ist jedoch die Vision einer anderen Art des Zusammenlebens. So können wir mit der Kraft der Vision einer besseren Welt die nächsten Schritte in die Zukunft gehen und somit diese zum Wohle aller gestalten. Die Voraussetzung dafür ist meiner Ansicht nach die Offenheit, radikal – also an die Wurzel gehend – zu forschen, so wie es in der einzigen deutschen Doktorarbeit geschrieben steht, die sich ausschließlich und umfangreich dem Thema der irokesischen Demokratie widmet.

> *„Die auch unter Intellektuellen weit verbreitete Abwehr des Gedankens, demokratische Regierungsformen könnten einen anderen historischen und geographischen Ort als die europäische Antike haben, stellt eine Barriere dar, die überwunden werden muss, ...“*
>
> Thomas Wagner

Die Genialität der Primitiven

Ich habe mich in den letzten achtzehn Jahren fast ausschließlich mit dem praktischen und theoretischen Studium „primitiver“ Kulturen beschäftigt. Primitiv heißt in diesem Kontext: Menschen, die erdverbunden und gemeinschaftlich zusammen leben und ihr Leben meist größtenteils als Jäger und SammlerInnen gestalten. Diese „Primitiven“ brauchten ca. 3,5 Stunden Arbeitszeit pro Tag, um ihre Grundbedürfnisse zu erfüllen und widmeten sich dann der Entspannung, dem Spiel, dem Gesang, den Kindern und der Gemeinschaft. Der amerikanische Anthropologe Marshall Sahlin veröffentlichte 1972 ein bemerkenswertes Buch mit dem Titel Stone Age Economics. In diesem veröffentlichte er seine Forschungsergebnisse zur steinzeitlichen Ökonomie. In einem Zeitungsartikel dazu heißt es:

> *„Unser Bild vom kärglich-harten Steinzeitleben müsse vollständig revidiert werden. Ja, es sei vielmehr die heutige Gesellschaft, in der die Knappheit ein institutionalisiertes Wirtschaftsprinzip darstellt! Im Gegensatz zur zivilisierten Welt, wo ein riesiger Teil der Bevölkerung jeden Abend hungrig ins Bett geht, kennen traditionell*

> *lebende Jäger und Sammlerinnen wie die Kalahari-Buschleute oder die australischen Aborigines Hunger höchstens als eine außergewöhnliche, bald vorübergehende Erscheinung, die so gut wie niemals lebensgefährliche Ausmaße annimmt.“* [1]

Diese ursprüngliche Lebensweise ist auch unser Erbe, denn als Homo Sapiens lebten wir über 90 Prozent unserer Geschichte eng verbunden mit der Natur und mit großer Wertschätzung für ihre Geschenke, heutzutage Ressourcen genannt.Von großer Bedeutung für die weiteren Ausführungen ist es zu verinnerlichen, dass diese alte Lebensweise ein intensives Gefühl der Naturverbundenheit kultivierte und diese Verbindung und die damit einhergehende Wertschätzung für die Erde gelebte Grundlage einer primitiven Gesellschaft ist. Jägern und Sammlerinnen ist nicht nur intellektuell verständlich, sondern vor allem ganzheitlich bewusst, dass sie die Natur weder beherrschen noch erobern können. Sie befinden sich nicht im Kampf gegen die Natur, sondern in bestmöglicher Balance mit ihr. Ihre Lebensweise lehrte sie, mit den Rhythmen der Natur mitzugehen, um versorgt zu sein, ohne permanente und starke Kontrolle ausüben zu können.

> *„Wenn ich über mein Leben nachdenke, denke ich daran, wie das Land mir mein Leben geschenkt hat. Ohne das Land der Okanagan, ohne das Volk der Sylix und all die Verwandten, die auf diesem Land leben, ohne jedes einzelne Ding, das mein Volk aufrechterhält, wie Nahrung, Medizin, Kleidung und Obdach, ohne all die Dinge, die uns umgeben, die mich umgeben, wäre ich nicht.“*
>
> Jeanette Armstrong, Sylix People

Der Blick zurück für ein Verständnis von Heute

Es vergeht kein Tag, an dem ich nicht in die moderne Welt schaue und im Hinterkopf dieses ursprüngliche Leben habe. Ich sehe Menschen, die acht Stunden vor dem PC sitzen, minderwertige Nahrung zu sich nehmen, isoliert und bewegungsarm leben, wenig draußen sind und ihre eigene Mutter, die Natur, nicht mehr als wertvollen und fast heiligen Ort kennen und schätzen. Lassen Sie mich als ehemaligen Hip-Hop DJ folgenden Vers der Black Eyed Peas zitieren, der es ziemlich treffend auf den Punkt bringt:

> *„What's wrong with world, mama.*
> *People living like they have no mama!"*

Ich habe es mir zu Gewohnheit gemacht, neu aufkommende Trends mit dem Leben der Jäger und SammlerInnen zu vergleichen und finde es bemerkenswert, wie diese alte Lebensweise bereits wichtige Weisheiten beinhaltete, die wir jetzt neu entdecken. Angefangen bei regionaler und saisonaler, vollwertiger Ernährung, über eine natürliche Geburt, eine nicht auf Wachstum und Anhäufung fokussierte steinzeitliche Ökonomie, eine sinnvolle und erfahrungsbasierte Bildung der Kinder, dem Wunsch nach gemeinschaftlichem Leben und der wertschätzenden Integration alter Menschen in die Gemeinschaft gibt es zu jedem gesellschaftlichen Bereich wertvolles indigenes Wissen.

Aktuell besonders dringlich scheint die Frage zu sein: Wie etablieren wir eine echte, friedliche und freiheitliche Demokratie? Auch bei diesem Thema finde ich Antworten bei der indigenen Lebensweise. Unternehmen wir eine Zeitreise auf den nordamerikanischen Kontinent in eine Epoche, bevor Europäer diesen Kontinent entdeckt hatten. Bekanntermaßen werden die Geschichtsbücher von den Eroberern geschrieben, deshalb fehlt den meisten Menschen das Wissen der Indigenen, die bereits vor Ankunft der Europäer dort lebten. Auf unserer Spurensuche werden wir den Stimmen der Indigen lauschen, um verstehen zu können, wie sie ihr Leben über Jahrhunderte organisiert haben. Ihre mündliche Geschichtsschreibung überliefert durch wiederkehrende Zeremonien und Rituale, in denen die Prinzipien ihrer Gesellschaft erzählt werden, notwendiges Wissen für ein Leben im Gleichgewicht mit der Erde und miteinander.

In diesem Kapitel soll es um die demokratischen Strukturen und Abläufe des nordamerikanischen Nationenbündnisses der sechs Nationen, auch Haudenosaunee genannt, gehen, welche viele Jahrhunderte vor der Ankunft der Europäer auf der Grundlage des großen Gesetzes des Friedens gegründet wurde. Das alte Wissen um dieses Gesetz der Haudenosaunee scheint von unschätzbarem Wert für ein ganz neues oder besser gesagt sehr altes Demokratieverständnis und für eine echte, freiheitlich-demokratische Grundordnung.

Die „Doktrin der Entdeckung" – das falsche Narrativ eines unbesiedelten Kontinents

Als Kolumbus 1492 in San Salvador landete, befanden sich auf dem nordamerikanischen Kontinent zwischen 5-15 Millionen indigene Bewohner, die er fälschlicherweise Indianer nannte. Es existierten Nationen, die regionale und ganz eigene Kulturen, Regeln und Normen entwickelt hatten und praktizierten. Diese standen in diplomatischer Beziehung zueinander. Höchst erstaunlich für die ankommenden, hierarchie- und herrschaftsgewohnten Europäer fanden sie bei ihrer Ankunft wenig bis keine Hierarchien vor. Es gab auch kein Militär und keinen aufgeplusterten Regierungsapparat, der die Menschen unterdrückte oder beherrschte. Der Versuch, jemand anderen von der eigenen Religion oder dem eigenen Weltbild zu überzeugen, galt als starker Affront. Jede Person war natürlicherweise mit freiheitlichen Rechten und Souveränität über die eigene Lebensführung ausgestattet.

> *„Keine Gruppe, kein Individuum hat gegenüber irgendeiner anderen Vereinigung eine herrschaftliche Weisungsbefugnis. Das gilt für das Verhältnis von höher- zu niedrigstufigeren Integrationsebenen, z. B. zwischen Bundesrat und National- oder Stammesversammlungen, aber auch für das von Clan-Versammlung zu Ohwachira usw. Der ‚Graswurzelcharakter' der irokesischen Demokratie verbindet das*

Prinzip der Herrschaftslosigkeit mit der Institutionalisierung von Autoritätspositionen, ohne dass hiermit Weisungsbefugnisse gegen das Widerstreben der untergeordneten Ebenen durchgesetzt werden können.“

THOMAS WAGNER

Jedem stand frei, an das zu glauben, was er oder sie für richtig hielt. So sollte vermieden werden, dass es zeitaufwendige und spaltende Diskussionen um verschiedene Weltanschauungen gab. Oren Lyons, Führer und Bewahrer des Wissens der Onondaga, Teil der Sechs Nationen, formulierte es im Jahre 1992 anlässlich des Jahres für indigene Bevölkerungen vor der Vereinten Nationen folgendermaßen:

„Wir lebten zufrieden unter dem großen Gesetz des Friedens. Uns wurde gelehrt, Gesellschaften zu gründen, die auf den Prinzipien Freiheit, Fairness, Gerechtigkeit und auf der Kraft des guten Verstandes fußten. Unsere Gesellschaft basiert auf großartigen demokratischen Prinzipien, der Autorität der Menschen und gleichwertige Verantwortlichkeit von Männern und Frauen. Es war ein großartiges Leben auf dieser Schildkröteninsel und Frieden mit Respekt war überall.“

OREN LYONS

Karl Marx und Friedrich Engels beschrieben es so:

„Alles läuft reibungslos ab und das sogar ohne Soldaten oder Polizei. Ohne Adelige, Könige, Gouverneure, Präfekte, Richter, Gefängnisse und Gerichtsverfahren. Jeglicher Streit wird von allen Beteiligten geklärt – kein bisschen unserer ausgedehnten und komplizierten Administrationmaschinerie ist notwendig. Es gibt keine Armen und Bedürftigen. Alle sind frei und gleichberechtigt – auch die Frauen.“

Als europäische Siedler nach Amerika kamen, trafen sie dort eben nicht auf einen unbesiedelten Kontinent mit ein paar wilden Primitiven. Sie trafen auf das starke und vereinte Bündnis der Nationen.

Doch ganz im Sinne der europäischen Geschichte der Herrschaft machten sie sich auf den Weg, das Land und dessen Einwohner zu unterwerfen. Koste es, was es wolle!

Nach einem umfassenden Genozid der grausamsten Art und Weise befanden sich Ende des 19. Jahrhunderts dort nur noch 238.000 Indigene. Die europäischen Ankömmlinge nahmen sich das Recht, jegliches nicht nach ihren Vorstellungen genutzte oder freie Land zu rauben und im Namen der Kirche und der Zivilisierung unfassbare Verbrechen an den ursprünglichen Bewohnern des nordamerikanischen Kontinents zu begehen. Und sie bedienten sich auch frei am bestehenden Demokratiemodell der Irokesen. Chief Jake Swamp erklärt, wie dieses entstand.

Der Weg des Friedensstifters

> *„Die kraftvolle Geschichte der Geburt der Demokratie beginnt vor sehr langer Zeit. Am Anfang, als unser Schöpfer die Menschen erschuf, war für alles Lebensnotwendige gesorgt. Unser Schöpfer bat nur um eins: Vergesst niemals, die Geschenke der Mutter Erde zu schätzen. Wir wurden gelehrt, dankbar zu sein und zu überleben. Aber vor tausend Jahren, während einer sehr dunklen Zeit unserer Geschichte, hörten die Menschen nicht mehr auf diese ursprünglichen Unterweisungen. Unser Schöpfer wurde traurig, denn es gab viel Verbrechen, Unehrlichkeit, Ungerechtigkeit und Krieg. Also sandte der Schöpfer den Friedensstifter mit der Botschaft, rechtschaffen und gerecht zu sein und eine gute Zukunft für die Kinder und kommenden sieben Generationen zu gestalten. Er rief alle Kriegsparteien zusammen und sagte ihnen: Solange getötet wird, wird es keinen Frieden geben. Es ist eine gemeinschaftliche Anstrengung notwendig, damit sich Frieden durchsetzen kann. Durch sein logisches Denkvermögen und seine spirituellen Möglichkeiten inspirierte er die Krieger, ihre Waffen zu begraben und auf ihnen den Baum des Friedens zu pflanzen. Dann gründete er das*

> *Große Gesetz des Friedens und vereinte die ursprünglichen fünf Nationen. Das große Gesetz fußte auf demokratischen Prinzipien, die persönliche Freiheit und Grundrechte versicherten und ein dreiteiliges System – bestehend aus Exekutive, Legislative und Judikative – erschufen. Benjamin Franklin nannte diesen Verband der Irokesen ein beeindruckendes Bündnis von Nationen."*

Die Irokesen sind ein Verbund aus ursprünglich fünf und später sechs Nationen, die nach langer kriegerischer Auseinandersetzung vereint wurden. Dieses Bündnis bestand ursprünglich aus den Mohawk, Seneca, Onondaga, Cayuga und Oneida. Im Jahre 1772 folgte das Volk der Tuscarora. Im 12. Jahrhundert befanden sich diese Nationen im Krieg, es herrschte Zwietracht und Missgunst sowohl zwischen als auch innerhalb der einzelnen Gruppen. Es war eine fürchterliche Zeit, voller Gewalt und Hass.

In dieser düsteren Epoche tritt ein Mann in Erscheinung, der innerhalb von vierzig Jahren alle verfeindeten Stämme besucht und ihre Führungspersönlichkeiten dazu bringt, sich gemeinsam zu versammeln. Der „Friedensstifter" überbringt allen fünfzig „Chiefs" seine Botschaft des Friedens und der Einigkeit. Er schafft das, was unmöglich erschien: Er vereint die fünf bis auf das Blut verfeindeten Nationen unter dem großen Gesetz des Friedens. Sie begraben ihre Waffen unter einer großen, weißen Kiefer, deren Äste ausladend wachsen und jeder Nation, die sich dem Frieden verschrieb, Schutz bietet. Diese Kiefer steht am Onondaga See im Staate New York. Ihre Wurzeln reichen in die vier Himmelsrichtungen und werden die Wurzeln des Friedens genannt.

Der Legende nach saß im Wipfel der Kiefer ein Adler, der mit wachsamen Blick in die Weite blickte, um nahende Gefahren zu entdecken. Als Symbol der Einheit dient ein Bündel aus fünf Pfeilen, welche für die fünf Nationen stehen. Diese sind umwickelt und ihre Einigkeit gibt ihnen die Widerstandskraft, nicht mehr leicht gebrochen werden zu können. Dieser neu gegründete Verbund nannte sich Haudenosaunee, die Menschen des Langhauses, auch bekannt als die Irokesen.

Die Einflusstheorie – Lernen die Europäer von den Indigenen?

> *„Eines der wenigen, kleinen Geheimnisse der Gründerväter ist der Fakt, dass sie ein demokratisches Modell nicht in England, Frankreich, Italien oder einer anderen sogenannten „Wiege der Demokratie" fanden. Thomas Jefferson, Benjamin Franklin und andere entdeckten bei den amerikanischen Indigenen die älteste partizipative Demokratie auf der Erde."* [2]

Unter der Einflusstheorie versteht man die Fragestellung, inwiefern die Europäer durch den Kontakt mit der indigenen Lebensweise in ihren Vorstellungen von Demokratie, Freiheit, Gleichberechtigung und Souveränität beeinflusst wurden. Dieser Fragestellung ging auch Geschichtsprofessor Gregory Schaaf nach und fand aufgrund eines Zufalls Erstaunliches heraus. Es muss sich für ihn wie die Entdeckung des Heiligen Grals angefühlt haben, als er im Jahre 1977 einen Karton auf einem Dachboden öffnet und darin sehr bedeutende Dokumente findet. Zuvor hatte Susanna Morgan mit ihm Kontakt aufgenommen. Susannas Ehemann war der Urururururenkel von George Morgan. George wiederum war der erste „Indianer-Agent" beim sogenannten kontinentalen Kongress, einer Vereinigung bestehend aus Delegierten der dreizehn Kolonien, welche die amerikanische Revolution gegen England vorbereitete.

Gregory Schaaf traf Susanna mehrere Male und sichtete das vorhandene Material. Darunter befanden sich Briefe von George Washington, Thomas Jefferson, Benedict Arnold und John Hancock. Es vergingen einige Treffen zwischen Gregory und Susanna, bis sie eines Tages erwähnte, dass sie noch einen Karton mit Dokumenten auf ihrem Dachboden habe, der ihn interessieren könnte. Am Boden des Kartons fand Schaaf die 73 fehlenden Seiten eines privaten Tagebuchs von George Morgan. Diese beschrieben, was geschah, als dieser beauftragt wurde im Jahre 1776 die erste Indianer-Agentur, also einer Art Vermittlungsstelle zwischen Indigenen und Amerikanern, zu gründen.

Aus diesen Dokumenten und aus der oralen Geschichtsschreibung der Irokesen geht nicht nur hervor, dass die „Irokesen zweifellos erheblichen Aufwand betrieben haben, um zwischen den beiden Seiten der Amerikanischen Revolution Frieden zu stiften", so Schaaf. Die Amerikanische Revolution war die Ablösung der Siedler von der britischen Krone und der Beginn der Unabhängigkeit der Vereinigten Staaten von Amerika. Weiterhin bestätigten diese und andere Dokumente, dass die europäischen Siedler von der Konföderation der sechs Nationen und ihrer föderalen Struktur und ihrem Verständnis von Freiheit und Souveränität beeindruckt waren. Diese Begeisterung scheint so groß gewesen zu sein, dass sie in Form aufklärerischer Gedanken und Ideen ihren Weg zurück nach Europa fand.

> *„Das moderne Europa entwickelte sich unter dem Einfluss unserer Ideen. Impulse aus dem Amerikanischen halfen mit, das göttliche Recht der Könige und des Adels in Frage zu stellen. Die Aufzeichnungen der Jesuiten gaben der Intelligenzia in Frankreich neue Nahrung, und unser Demokratiebegriff beeinflusste die französische Revolution. Ob Jean Jacques Rousseau oder ein Jahrhundert später Friedrich Engels, sie erhielten geistige Anstöße von uns. Im großen Gesetz des Friedens, der Verfassung der Haudenosaunee, ist die Freiheit der individuellen Meinungsäußerung eines der tragenden*

Prinzipien. Die heutige Pressefreiheit in Nordamerika und Europa ist eine Fortsetzung der Redefreiheit, die es vor Eurer Entdeckung Amerikas nicht gab. Ebenso wenig gab es bei Euch Religionsfreiheit. Diese Gedanken der Freiheit kommen nicht nur aus dem Langhaus der Haudenosaunee, sie waren Bestandteil aller indianischen Stammesgesellschaften, sie waren an vielen Plätzen der Welt zu finden, nur nicht im Europa des 15. und 16. Jahrhunderts. Es war der europäisch-indianische Kontakt, der eure Gesellschaft unterwanderte."

JOHN MOHAWK SOTSISOWAH

Im folgenden beschreibe ich, worum es sich bei dem großen Gesetz des Friedens konkret handelt:

Bauplan für eine echte, freiheitlich-demokratische Grundordnung

„Der Irokesenbund lässt sich in politischer Hinsicht knapp als mehrstufiges und vielschichtiges politisches Arrangement von Verwandtschaftsgruppen, Arbeits- und Kriegskollektiven, Zeremonialbünden sowie sich gegenseitig kontrollierender Frauen- und Männermacht skizzieren. Ökonomisch grundlegend sind der Kollektivbesitz an Land und Arbeitsmitteln, die gemeinschaftliche Produktion und die normativ geforderte und rituell gestützte, egalitäre Umverteilung des erwirtschafteten Reichtums.

Zahlreiche Versammlungen auf der Ebene der Haushalte, der größeren Verwandtschaftsgruppen, die sich wiederum zu Hälften vereinigten, der Siedlung und schließlich der Stammesnation verhandelten grundsätzlich mit dem Ziel des einmütigen Konsenses. Die fünf Gründungsnationen der Onondaga, Cayuga, Senece, Oneida und Mohawk bilden zusammen einen Rat der fünfzig Bundeshäuptlinge, der die Grundzüge der egalitären Konsensdemokratie auf das Konföderationsmodell ausdehnte und auf die Beziehungen zu weiteren Indianerstämmen sowie die englischen Kolonien zu erweitern versuchte."

THOMAS WAGNER

Egalitäre Konsensdemokratie

> *„Sichtbar wurde die Kontur einer herrschaftslosen Gesellschaft, deren politische Seite, nämlich die Sphäre institutionalisierter Entscheidungsfindung, als egalitäre Konsensdemokratie bezeichnet werden kann. Gemeint ist ein vielstufiges politisches Gebilde, in dem politische Führung immer an die Zustimmung der Geführten gebunden blieb und höhere Instanzen gegenüber untergeordneten über keinerlei Weisungsbefugnis verfügten. Das Verhältnis von Befehl und Gehorsam spielte weder in der politischen noch in häuslichen Belangen eine Rolle, und das Verhältnis der Geschlechter gründete sich auf eine egalitäre Machtbalance."*
>
> THOMAS WAGNER

Wie oben bereits beschrieben, wissen die wenigsten, dass die Gründerväter sozusagen bei den Haudenosaunee in die Lehre gingen, um die Anwendung des großen Gesetzes des Friedens auf nationaler und internationaler Ebene zu lernen. Ein wichtiges Fundament dieser Gesellschaftsform war der Konsens. Heutzutage unvorstellbar ist der Versuch, die Belange aller Menschen, die es betrifft, zu integrieren, um eine Lösung zu finden, die für alle gangbar ist. Aus meiner ganz persönlichen Erfahrung vieler Monate gemeinschaftlichen Lebens in der Wildnis kann ich nur bestätigen, dass auf lange Sicht eine Gemeinschaft besser funktioniert, wenn es nicht wiederholt eine kleine Minderheit gibt, die mit Entscheidungen unzufrieden ist und sich deshalb als Verlierer fühlt. Die indigene Clanmutter Alice Piel formuliert es folgendermaßen:

> *„Sie haben nicht die Macht wie die Staatsoberhäupter in Euren Demokratien, in denen immer eine Minderheit zu kurz kommt. Sind unsere Häuptlinge in politischer Mission unterwegs, sei es bei den Lakota in South Dakota oder bei der UNO in Genf, können sie nur vortragen, was im Konsens unter Beisein von uns Clanmüttern besprochen wurde; stellt sich ein neues Problem, das eine*

Entscheidung verlangt, müssen sie es zu uns zurück ins Langhaus tragen." [3]

Es war im Verbund der Haudenosaunee normal, dass sich jeder Mann und jede Frau bei großen Versammlungen Gehör verschaffen konnte und ihre Anliegen öffentlich mitteilten. Partizipation und das Selbstverständnis, mitreden zu dürfen, waren also Grundpfeiler des gemeinschaftlichen Zusammenlebens. Verstörend für die Europäer war es immer wieder, dass bei Verhandlungen zwischen „Weißen" und Chiefs unangekündigt Menschen auftauchten, die ganz selbstverständlich zuhörten und sich selber äußern wollten.

> *„Die Meinungsfreiheit war ein Recht, welches so tief in die Lebensweise der Irokesen eingebettet war, dass es keine Erwähnung in der Verfassung braucht. Brennende Feuer verteilt über das ganze Territorium der Sechs Nationen symbolisierten das Recht auf öffentliche Diskussionen. Zusätzlich zum großen Ratsfeuer am Onondaga-See gab es Feuer in jeder Nation, jedem Clan und bei jeder Familie. Die Frauen hatten ihre Feuer genauso wie Männer ihre Feuer hatten."* [4]

Wenn mehrere Anläufe einer Lösungsfindung in Ratssitzungen scheiterten, wurde das Thema vertagt, um weitere Debattenzeit zu ermöglichen. Es galt die Annahme, dass der investierte Mehraufwand, Konsenslösungen im Gegensatz zu Mehrheitsentscheidungen zu finden, sich lohnend auf das Gemeinwohl und das friedliche Zusammenleben auswirken würden.

Die Rolle der Frauen

> *„Wir, die Frauen der Irokesen*
> *besitzen das Land, das Haus und die Kinder.*
> *Wir haben das Recht zur Adoption, zum Leben und zum Tod.*
> *Wir haben das Recht, Führer zu benennen und sie abzusetzen.*

Wir haben das Recht, Abkommen zu schließen und zu kündigen.
Wir haben die Aufsicht über Innen- und Außenpolitik.
Wir haben die Treuhandschaft über das Stammeseigentum.
Unsere Leben sind genauso gewertschätzt wie die der Männer." [5]

Als europäische Siedler nach Amerika kamen, trafen sie auf Gesellschaften, in denen Frauen gleichwertig und gleichwürdig behandelt wurden und sich Machtpositionen gleichberechtigt mit den Männern teilten. Genauso wie das fast gänzliche Fehlen von Hierarchien und Unterdrückungsstrategien gegenüber der Bevölkerung muss die gleichwertige Rolle der Frauen auf die Europäer nachhaltig Eindruck gemacht haben. Der Nationenverbund der Haudenosaunee war eine matrilineare Kultur. Das Langhaus der Familie und das dazugehörige Land gehörten der Frau und Mutter. Die Zugehörigkeit zu einem Clan basierte auf der Abstammungslinie der Mutter und nicht des Vaters. 1875 schrieb Frauenrechtlerin und Aktivistin Matilda Joslyn Gage:

„Nie war Gerechtigkeit perfekter und nie war die Zivilisation höher entwickelt als unter dem Matriarchat. Unter diesem System erreichte die Gesellschaftswissenschaft ihre weltweit höchste Form."

Das große Gesetz des Friedens sah vor, dass es einen Rat der „Clanmütter" gab. Aufgabe dieses Rates war es unter anderem, neue „Chiefs" vorzuschlagen. Im Gegensatz zur Monarchie war es nicht möglich, dass der Sohn des Königs ohne Kontrolle durch das Volk auch zum König wurde. Die Clanmütter suchten nach Führungspersönlichkeiten, die mitfühlend, demütig, intelligent und kritikfähig waren, um diese als neue Führer vorzuschlagen. Diese mussten dann im weiteren Prozess vom Rat der Clanmütter und dann von der ganzen Nation mittels Konsensdemokratie bestätigt werden.

Eine weitere Aufgabe der Frauen war das Überwachen der aktiven Chiefs und deren Entscheidungen. Sollte sich ein Chief durch ein Verhalten oder Entscheidungen hervortun, die nicht dem Leben dienten, hatten die Clanmütter die Möglichkeit, ihn zu verwarnen. Hier sei erwähnt, dass Entscheidungen bei den Irokesen auf dem Sieben-Generationen-Prinzip fußten. Das bedeutet, dass eine Entscheidung im Hinblick auf das Wohl der kommenden sieben Generationen zu fällen war.

Nehmen wir uns einen Augenblick, um dieses Prinzip zu verinnerlichen. Stellen wir uns vor, wir selbst und die Verantwortlichen in Regierungen, Gerichten und Firmen würden diesen Aspekt des Wohls der kommenden Generationen bei wichtigen Entscheidungen mit einfließen lassen. Das wäre ein großer Schritt in Richtung echter Nachhaltigkeit!

Sollte nach einer Verwarnung der angesprochene Chief wieder mit ähnlichem Verhalten auffallen, gab es ein Gespräch mit den Clanmüttern, um deren Kritik zu thematisieren. Bei einem weiteren Verstoß war es den Clanmüttern möglich, auf Konsensbasis des Rates der Clanmütter, den Chief seines Amtes sofort zu entheben.

Auch hier bitte ich Sie, dieses Bild für einen Augenblick zu verinnerlichen. Stellen Sie sich vor, Sie wüssten, es gäbe einen Rat weiser und wachsamer Frauen, die als Kontrollgremium auf alle wichtigen Entscheidungen der „Chiefs" mit der Prämisse schauen würden, ob sie dem Leben dienen. Sobald eine Person auffällt, die dieses Prinzip verletzt, wird sie mit einer gelben Karte verwarnt und bei wiederholtem Fehlverhalten des Rates oder Langhauses verwiesen. Frauen saßen außerdem in den Räten, in denen es um Krieg und Frieden ging und konnten darüber entscheiden, ob ein Krieg wirklich sinnvoll und angebracht ist. Auch das mussten sie im Konsens entscheiden. Ein weiterer großer Unterschied zur aktuellen US-amerikanischen Gesellschaft ist die Tatsache, dass der oberste Gerichtshof der Irokesen ausschließlich von Frauen besetzt war und die Judikative somit hauptsächlich den Frauen anvertraut war.

Hier sei noch einmal in Erinnerung gerufen, dass sich die Irokesen, auf die Natur, also auf Mutter Erde als ihrer Lebensgrundlage, bezogen. Die Erde und auch der Mond waren weiblich. Das lebensspendende Prinzip war also weiblich und wurde täglich gewertschätzt und geehrt. Es scheint wahrscheinlich, dass die Entfremdung der Europäer von der Natur durch Zivilisierung, Ackerbau und Viehzucht das Verhältnis zu diesem weiblichen Prinzip stark verändert hat.

Ein Teil der feministischen Bewegung in den USA geht auf die Beobachtung indigener Frauen und ihrer Rolle in der Gesellschaft zurück.

> *„Im neunzehnten und zwanzigsten Jahrhundert inspirierten die Rolle und Macht der Frauen bei den Haudenosaunee eine der einflussreichsten Architektinnen des modernen Feminismus in den Vereinigten Staaten von Amerika."* [4]

1891 sprach Elizabeth Cady Stanton vor dem Rat der Frauen und erwähnte in ihrer Rede neben anderen indigenen Gesellschaften explizit auch die Haudenosaunee. Sie endete ihre Rede wie folgt:

> *„Abschließend würde ich sagen, dass jede Frau hier ein neues Gefühl der Würde und Selbstachtung haben sollte in dem Wissen, dass unsere Mütter über lange Zeit herrschende Macht besaßen und diese im Interesse der Menschheit einsetzten (...) nicht für eine weibliche Vormachtstellung, sondern für das bis jetzt nicht erprobte Experiment vollständiger Gleichberechtigung. Die vereinigten Gedanken von Mann und Frau führten eine gerechte Regierung ein, eine pure Religion, ein zufriedenes Zuhause, eine Zivilisation, in welcher Ignoranz, Armut und Verbrechen nicht mehr existieren."* [4]

Am 18. August 1920 wurde Frauen in den USA das erste Mal das Wahlrecht zugestanden!

Die Qualitäten von Führungspersönlichkeiten

> *„In meiner Gemeinschaft hat Führungskompetenz – bei uns bekleiden Männer und Frauen das Amt eines Führers oder einer*

> *Führerin – mit der Fertigkeit zu tun, wie gut diese Person jedem zuhören kann und wie diese Person versteht, welche Dinge ablaufen, die vielleicht falsch sind oder Konflikte auslösen können und deshalb eine Gefahr für die Gemeinschaft darstellen. Unser Wort für Führer bedeutet, jemand zu sein, der viele Fäden zusammenhalten kann und diese in einem Strang verknüpfen kann. Ein Strang bedeutet dabei Einigkeit im Gleichgewicht mit dem Land. Es bedeutet, dass diese Person eine besondere Fähigkeit dafür haben muss zu fühlen, was die Gemeinschaft sagt, eine besondere Fähigkeit zu verstehen, was gesagt wurde und zu wissen, welche Dinge gerade ablaufen, um all das zusammenzufassen und es den Menschen zu erzählen. Es geht also um Kommunikation und darum, in der Lage zu sein, zuzuhören, um die Debatte dann für andere verständlich zusammenzufassen, sodass diese dann sagen können: ‚Ja! Das ist es.' Es geht nicht darum, anderen zu sagen, was sie zu tun haben oder andere zu führen oder zu zwingen. Es geht darum, das zu versprachlichen und gesammelt auszudrücken, was die Gemeinschaft fühlt, denkt und erinnert und daraus ein Voranschreiten möglich zu machen. Unser System verlässt sich auf diese Art der Wechselbeziehung und diese Art der Kommunikation."*
>
> Jeanette Armstrong

Wenn ich mir heutzutage Entscheidungsträger in Politik und Wirtschaft anschaue, erblicke ich selten Persönlichkeiten, deren Aussagen oder Vorbild mich tief berühren. Ich erlebe Rechthaberei, Voreingenommenheit, Selbsterhöhung und damit einhergehende Abwertung anderer. Außerdem erlebe ich die Unfähigkeit, Fehler einzugestehen und eine Art Abgehobenheit, die die Führenden dem wahren Leben und den Bedürfnissen der Menschen entfremdet. Selten sehe ich jemanden, von dem ich behaupten würde, er hätte sich auf den Weg gemacht, um eine starke Persönlichkeit zu entwickeln und sei bereit, seinen Ruf zu verlieren, um seinem Gewissen treu zu bleiben. Es kommt mir oftmals wie in feudalistischen Zeiten vor, wenn ich schwarze Limousinen von Politikern vor Ministerien parken sehe und sie von Sicherheitsleuten dem Adel gleich durch den Pöbel begleitet werden.

Durch mein langjähriges Studium indigener Kulturen habe ich entgegen dieser aktuellen Zustände immer wieder festgestellt, dass ursprünglich Eigenschaften wie Respekt, Demut, die Fähigkeit, zuzuhören und ein integrativer Ansatz hoch geschätzte Qualitäten von Führungspersonen waren. Chief Oren Lyons, Chief und Mitglied der Seneca Nation und damit Teil des Bündnis der sechs Nationen sprach im Jahre 1992 vor den Vereinten Nationen und beschrieb die erforderlichen Führungskompetenzen so:

> *„Unsere Führungspersönlichkeiten wurden darin geschult, Menschen mit Visionen zu sein und jede Entscheidung im Interesse der kommenden sieben Generationen zu fällen. Sie sollten Mitgefühl und Liebe für die ungeborenen Generationen haben."*

Wir benötigen also ganz neue oder sehr alte Modelle, um sicher zu stellen, dass Menschen in Führungspositionen kommen, die eine innere Reife und Bewusstheit entwickelt haben, die es ihnen ermöglicht, für das Gemeinwohl zu handeln. Und es bedarf Systeme und Abläufe, die Führende immer wieder daran erinnern, dass sie ihre Macht von den Menschen geliehen bekommen, um ihnen zu dienen. Genau das garantierte im alten Modell der Irokesen die Konsensdemokratie, der Rat der Clanmütter und die radikale Meinungsfreiheit.

> *„Denn alle Führungspositionen müssen ohne Erzwingungsstäbe auskommen und bleiben grundlegend von der Zustimmung von Gefolgschaften abhängig, als deren bloßes Sprachrohr sie sich zu verstehen verpflichtet sind. Das Prinzip der Versammlung (…), in dem Face-to-Face-Kommunikation die allgemeine Informiertheit aller von den Entscheidungen Betroffenen über den politischen Prozess und darüber hinaus die Partizipation an solchen*

Entscheidungen ermöglicht, strukturiert die formalen und informalen politischen Zusammenkünfte auf allen gesellschaftlichen Ebenen. (...) Die Inhaber eines der vielen gesellschaftlichen Ämter, insbesondere aber die männlichen wie weiblichen Führungspersönlichkeiten und ‚Häuptlinge' hatten keine Möglichkeit, ihre Entscheidungen gewaltsam durchzusetzen, mussten um die Zustimmung ihrer Gefolgschaften ringen. In der Regel war ihre Aufgabe die konsensfähige Bündelung von Argumenten für eine von möglichst allen Beteiligten tragbare Entscheidung. Wer nicht zustimmen wollte oder konnte, war daran nicht gebunden."

THOMAS WAGNER

Am Ende meiner Ausführungen zu den konkreten Inhalten des großen Gesetzes des Friedens, möchte ich noch einmal auf die Gründerväter der Vereinigten Staaten und ihre Verfassung zurückkommen: Mit dem Wissen von heute erkennen wir in ihrem Wirken den Einfluss der nordamerikanischen Indigenen. Die Gründerväter, also eine rein aus Männern bestehende Gruppe, hatten sich jedoch entschieden, wichtige Elemente nicht zu übernehmen. Dazu zählen die Konsensdemokratie und die bedeutsame Rolle der Frauen in der Gesellschaft.

Im Jahre 1988 wurde jedoch durch die „Resolution zur Anerkennung des Beitrags der Irokesen-Konföderation zur Entwicklung der Verfassung der Vereinigten Staaten" der Einfluss des großen Gesetzes des Friedens vom US-amerikanischen Kongress förmlich anerkannt.[6] Im Jahre 2010 wurde eine besondere Ein-Dollar-Münze geprägt, auf der fünf Pfeile von einem Wampum-Band umwunden sind. Es ist das Symbol der vereinten fünf Nationen. Genau diesen Dollar zeigte mir der Professor für amerikanische und kanadische Literatur, Hartmut Lutz, als ich ihn für meine Recherchen zum großen Gesetz des Friedens besuchte.

Schlussbetrachtung

Es scheint so, als wenn wir schon zu lange ohne echte Mitbestimmung und in einer machtdurchtränkten und entarteten Scheindemokratie leben und vergessen haben, was uns eigentlich zusteht. Eingelullt durch Wahlkampfverhalten, Politikersprech, Ablenkung und Konsum sind wir unseres Potenzials beraubt worden und haben es uns nehmen lassen. Wir haben uns daran gewöhnt, machtlos zu sein. Ich empfinde es als höchst dringlich, dass jeder und jede ein Bewusstsein dafür entwickelt, dass wir alles Notwendige in unseren Händen halten, um ein friedliches Miteinander zu erschaffen. Teile der notwendigen neuen Strukturen dafür sind im großen Gesetz des Friedens zu finden. Lassen Sie uns auf niemanden warten, diese Prinzipien zu leben, sondern fangen wir in unserer Nachbarschaft an.

Nutzen wir unsere Energie nicht nur für den Widerstand gegen das Lebensfeindliche, sondern schöpfen wir Mut, indem wir alte und ursprüngliche Prinzipien des Lebens wiederentdecken und diese lebendig werden lassen. Sowohl unsere Entscheidungen als auch unser Beschluss, nichts zu tun und zu warten, bis andere etwas tun, beeinflussen das Wohlergehen der kommenden sieben Generationen. Ein indigener Ältester sagte einmal zu mir: „Du bist nur so lange unschuldig, solange du nicht weißt." In dem Augenblick, wo ich um Dinge weiß, die der Gemeinschaft dienen können, ist es auch meine Verantwortung, diese Dinge in Handlungen zum Ausdruck zu bringen. Um mit einer letzten indigenen Weisheit zu enden, zitiere ich den hawaiianischen Ältesten Kalani Souza:

> *„The knowing is in the doing."*

Das Wissen steckt im Tun!

Im Dank an die Vorfahren, die indigenes Wissen unter schwersten Bedingungen bewahrt haben und in liebevoller Verbundenheit für die Kinder, Enkel und Urenkel der kommenden Generationen. Denn ihnen steht eine Welt zu, in der ein gutes Leben möglich ist.

---

1 oya Ausgabe #5/2010: Zurück in die Steinzeit? https://oya-online.de/article/read/195.html – **https://archive.ph/vjzxG**

2 The U.S. Constitution and the Great Law of Peace

3 Dewasenta, die Clanmutter des Aal-Clans (siehe: https://oya-online.de/article/read/235.html) – **https://archive.ph/ySLrK**

4 Iroquois book of life, White roots of peace

5 Exemplar of Liberty, Native America and the evolution of democracy

6 https://www.congress.gov/bill/100th-congress/house-concurrent-resolution/331 – **https://archive.ph/CoAQy**

Leseempfehlung

- → Thomas Wagner: Irokesen und Demokratie
- → Thomas Wagner: Der Irokesenbund als egalitäre Konsensdemokratie (2005, graswurzel.net) – https://archive.ph/YTLMT
- → Claus Biegert: Von den weißen Wurzeln des Friedens (#5/2010, oya-online.de) – https://archive.ph/ySLrK
- → John Mohawk Sotsisowah: Botschaft an die Europäer
- → Voice of indigenous Peoples: Native People Address the United Nations
- → Paul Wallace: White Roots of Peace – The iroquois book of life
- → Gregory Schaaf: The US Constitution and the Great Law of Peace

AUF SPURENSUCHE

IM INNEN

»Fühlen wird die Menschheit wieder zu Menschen und die Gesellschaft wieder menschlich machen.«

Arthur Janov

Während einer bestimmten Phase meiner Spurensuche im Außen nahm ich an, dass die Menschen sich nur intensiver mit der Natur verbinden und die gemeinschaftsbildenden Zeremonien und Rituale indigener Kulturen wieder integrieren müssten, um eine neue, bessere Welt zu erschaffen. Doch wie ich es in meinen gemeinschaftlichen Zeiten in der Wildnis zu spüren begann, steckte so viel Ungeklärtes und Unentdecktes in mir und auch in anderen, das jeglichen Wandel zum Guten immer wieder sabotieren würde.

So besuchte ich beispielsweise einmal einen Wochenendworkshop, dessen Teilnehmende nur aus Menschen mit Wildniserfahrungen bestand, die sich alle den indigenen, friedensstiftenden Prinzipien verschrieben hatten. Zu meinem Entsetzen erschufen diese Menschen erneut genau dieselben Hierarchien und unfairen Strukturen, die sie eigentlich ablegen wollten, um gesellschaftlichen Wandel zu ermöglichen. Trotz mehrmaliger Wortmeldungen meinerseits wurde das Thema nicht diskutiert. Kritik von außen wurde als Angriff gewertet und das Vertrauen in Autoritäten schien stärker ausgeprägt als das Erspüren von Widersprüchen zu den Vereinbarungen, auf welche diese Gruppe sich im Konsens geeinigt hatte.

Es ist meiner Ansicht nach leider nicht möglich, indigene Lebensweisen zu kopieren und sie dann in das Hier und Jetzt einzufügen, so lange „das alte System“ in Form unbewusster Prägungen noch in uns wohnt.

Ich erinnere mich an eine Zeit in meinen Leben, in der ich absichtlich auf meine Halt gebende Rolle als Seminarleiter verzichtete, keinen Wohnort mehr hatte, aus dem Auto lebte und mich in Trennung von meiner Partnerin befand.

Ich entschloss mich dazu, mehrere Tage alleine in einer Berghütte im Tessin zu verbringen und mich dem NICHTS zu stellen. Keine Menschen, keine Arbeit und keine To-do-Liste, nur die Frage, ob ich mit leeren Händen und nur mit mir allein zufrieden sein kann. Die Antwort war manchmal Ja und meistens Nein. Es blieb jedoch einer meiner Wünsche, nur mit mir zufrieden sein zu können. Daran arbeite ich immer noch.

Ich bin der Meinung, dass die Welt im Außen, also der Zustand unserer Gesellschaft ein Abbild unserer inneren Gefühlswelt ist. Nachhaltige Veränderungen, die über Scheinreformen hinausgehen, benötigen den langen, mühseligen Weg der Persönlichkeitsentwicklung und Selbsterfahrung.

Wir leben in Zeiten, in denen es ein Überangebot an Möglichkeiten gibt, sich vom eigenen, inneren Schmerz und aufkommender Leere abzulenken oder scheinbar schnelle Antworten und Lösungen zu bekommen.

Es bedeutet also einen radikalen Kulturbruch, sich dem eigenen Inneren zuzuwenden und sich gleichzeitig von Konsum, Scheinzugehörigkeit und übermäßigem Beschäftigtsein abzuwenden. Für diesen Schritt benötigt man Mut und als Anlass manchmal eine Lebenskrise, die die aktuellen Strukturen des Lebens erschüttert oder die Bereitschaft, die eigene Partner- oder Elternschaft und die darin aufkommenden Gefühle in der Tiefe zu entdecken und sie als Hinweise auf die eigene Geschichte anzunehmen. Diese können als Ausgangspunkt für tiefe Selbsterkenntnis dienen, denn Partner oder Partnerin sowie die eigenen Kinder sind oft die besten Hinweisgeber auf ungelöste, innere Anteile.

So kann eine Spurensuche beginnen, die den Menschen sich selbst verstehen und vor allem fühlen lässt. Vielleicht ist das der wichtigste Schritt, den es zu gehen gilt, um auch die Gesellschaft als Ganzes zu verändern.

»Wer als Neugeborenes den prägenden Kontakt zur Mutter verpasst hat – also die Mutter nicht be-greifen konnte – hat später Mühe, in Kontakt mit Mutter Erde, anderen Menschen und sich selbst zu sein.«

Willi Maurer

Wie frühe Lebensphasen uns prägen

Die Selbstfindung beginnt in der Wildnis

In den mehrmonatigen Aufenthalten in der nordamerikanischen Wildnis, in denen ich mit einer Gruppe von Menschen im Wald lebte, konnten wir im Zuge dieses Programms lernen, als Gruppe im Wald gut zurecht zu kommen. Dazu zählte auch eine aufrichtige und spontane Kommunikation und das Anschauen der Beziehungsdynamiken untereinander. In diesen elf Monaten hatte ich bereits einen guten Einblick in meine Gefühls- und Verhaltensmuster bekommen und gelernt, dass es etwas wie einprogrammierte Abfolgen von Reaktionen auf bestimmte Situationen gab. Zum Beispiel war es so, dass es eine ältere Frau in meinem Clan gab, auf die ich immer wieder heftig reagierte, wenn sie etwas von mir wollte. Ich fühlte mich unter Druck gesetzt und hatte Angst vor ihr. Ich ahnte hier schon, dass meine Gefühle Spuren aus meiner Kindheit waren. Außerdem lernte ich, dass ein friedvolles Zusammenleben der schwierigste und wichtigste Survival-Skill überhaupt ist.

Die in der Wildnis gemachten Erfahrungen hatten mich innerlich sehr aufgewühlt und ich spürte den Wunsch, meine Beziehungen nicht hauptsächlich von diesen automatisierten Abfolgen bestimmen zu lassen. Was mir noch verborgen war, waren die prägenden Erfahrungen meines Lebens, die diese Verhaltensweisen notwendig gemacht haben.

Also begab ich mich mithilfe der Gefühls- und Körperarbeit auf eine langjährige und sehr intensive innere Spurensuche. In den folgenden Jahren widmete ich mich voll und ganz dieser Forschungsarbeit und begann, nach viel Selbsterfahrung und der abgeschlossenen Ausbildung auch Menschen in dieser Arbeit zu begleiten. Dabei wurden Zusammenhänge und sich wiederholende Verbindungen klar, die meine Sicht auf das Menschwerden und die Wichtigkeit frühkindlicher Erfahrungen stark veränderten.

Ein Beispiel für die Körperarbeit

> *„Gefühls- und Körperarbeit ermöglicht über den emotionalen Ausdruck der angerührten Gefühle, Rückverbindung zu primären Prägungen zu finden und sie zu integrieren. Dadurch wandeln sich die alten Muster zu einem achtsamen Umgang mit sich selbst und tragen wesentlich zu erfüllenden Partnerschaften bei."*
>
> Willi Maurer

Ein sehr eindringliches Erlebnis dieser Forschungsarbeit möchte ich als Beispiel schildern, um verständlich zu machen, wie aktuelle Körpersymptome und Befindlichkeiten mit vergangenen Erfahrungen zusammenhängen können. Vor einigen Jahren bemerkte ich zu meiner Verwunderung an meiner rechten Wade eine Krampfader und ich fing an, diese zu beobachten. Ich trieb viel Sport, ernährte mich relativ gut und sah deshalb keinen Grund für eine Verkrampfung. Also fragte ich mich, warum ich „es“ nicht fließen lassen kann und stattdessen verkrampfe. In einer begleiteten Arbeit führte mich diese Krampfader in eine Embryostellung mit dem Impuls, gegen zu halten. Dafür nutzte ich das rechte Bein und musste es permanent anstrengen und strecken. Eingeladen, hineinzuspüren, wo die Blockade ist und was dort geschieht, spürte ich im Prozess, dass es sich um die Geburt handelt, gegen die ich mich wehrte, verkrampfte und den Prozess nicht fließen lassen konnte. Warum war es mir nicht möglich?

Meine Geburt

Mittlerweile ist gut bekannt, dass das Kind selbst das Startsignal für die Geburt gibt und es sozusagen das Geburtsgeschehen einleitet.

In meinem Fall kam dieser Impuls nicht nur von mir als Ungeborenem, sondern wurde durch eine sich beengt anfühlende Atmosphäre von außen mitbestimmt. Ich wollte lieber aus dieser Enge heraus, als in der Angespanntheit zu verweilen. Des Weiteren gab es keine Kommunikation zwischen mir und meiner Mutter. Diese wäre für mich aber von außerordentlicher Wichtigkeit gewesen, um überhaupt zu verstehen, was jetzt passiert und was ich tun soll. So wurde ich unvorbereitet gedrängt und wehrte mich aufgrund von Überforderung und Desorientierung mittels meines rechten Beins dagegen. Natürlicherweise ist die Geburt eine Arbeit, die das Kind in Kommunikation und gemeinsam mit der Mutter leistet.

Meine Geburt verlief anders, da meine eigene Mutter den Ärzten und Hebammen mehr vertraute als ihrer eigenen Empfindung und sich nicht die Zeit nahm, mit mir emotional in Verbindung zu treten. Da dies in der DDR auch völlig unüblich war, wäre es wahrscheinlich unmöglich gewesen, dem Klinikpersonal Einhalt zu gebieten, um sich mit der Aufmerksamkeit dem Kind zuzuwenden und eine Art Dialog mit ihm zu führen. Das Klinikpersonal wiederum handelte natürlich im besten Wissen und Gewissen, ahnungslos dem Erleben des Kindes gegenüber.

Die Wirkungen des Geburtsprozesses und der vorgeburtlichen Erfahrungen

In der Gefühls- und Körperarbeit erlebte ich meinen gestörten Geburtsprozess mit entsprechenden körperlichen Empfindungen und Gefühlen ein zweites Mal. So konnte ich nicht nur auf kognitiver Ebene, sondern körperlich erfahren, wann diese Verspannung ihren Ursprung hatte. Ich hatte anschließend in der begleiteten Arbeit noch die Möglichkeit zu erleben, wie es gewesen wäre, wenn es eine Kommunikation zwischen mir und meiner Mutter gegeben hätte und ich aufgrund ihrer Verbundenheit zu mir das Wissen gehabt hätte, was nun geschehen soll.

Durch diese Verbindung zu ihr war es in der therapeutischen Situation möglich, eine fließende und gemeinsame Geburtsarbeit zu leisten und nicht verkrampft dagegen zu halten. So konnte sich ein Stück des „Zellgedächtnisses" mit einer neuen Erfahrung füllen und die prägende Erfahrung des Verkrampfens integrieren. Seitdem bin ich mit meiner Krampfader gut in Verbindung und nehme sie als Anzeiger dafür, ob ich mich verkrampfe oder „es" fließen lasse und was ich im Alltag bräuchte, damit es leicht gehen kann.

Welche Rolle spielt das Zellgedächtnis?

Neben dieser persönlichen Erfahrung habe ich in den letzten acht Jahren sehr viele ähnliche Erfahrungen und Zusammenhänge bei vielen Menschen beobachtet und begleitet. Dabei habe ich erkennen dürfen, wie sehr frühkindliche Erfahrungen vor, während und nach der Geburt unser Wesen prägen. Das oben genannte Zellgedächtnis spielt dabei eine große Rolle.

Von der Empfängnis an sind wir fühlende und auf die Umwelt reagierende Wesen und nehmen alles wahr, was dort geschieht. Die Stimmung von Mutter und Vater (der Hormonhaushalt der Mutter) wirkt auf den Hormonhaushalt des Kindes und das Kind stellt sich darauf ein, in diesem Milieu zu leben. Eine angstbesetzte oder von Mangel dominierte Umgebung lässt das Kind sich daran anpassen in Erwartung, dass so das ganze Leben sein wird. So kommt es, dass Verhaltensweisen und Lebenseinstellungen früh geformt werden und dann das ganze Leben beeinflussen.

> *„Unsere Zellen erinnern sich also an Umwelteinflüsse und die Folgen des eigenen Lebensstils. Erfahrungen der Vorfahren sind in ihnen ebenso gespeichert wie Erlebnisse aus der Zeit um die Geburt und weitere Gegebenheiten aus dem bisherigen Leben."*
>
> PETER SPORK

„Wir haben eine Kaiserschnittrate von über 30 Prozent."

Neben dem Einfluss auf die Verhaltensweise gibt es eine wachsende Anzahl an Veröffentlichungen dazu, wie sehr Geburt und vorgeburtliche Erfahrung unsere Gesundheit beeinflussen. Zusammenhänge zwischen Geburtserleben und Krankheiten wie Allergien, Asthma, Autismus, Immunsystemschwäche und Stress sind immer mehr zu finden und wahrscheinlich ist noch nicht einmal ansatzweise klar, wie sehr der Eingriff in die natürliche Geburt die Gesundheit unserer Gesellschaft beeinträchtigt. Damit ist nicht gemeint, dass notwendige medizinische Unterstützung bei der Geburt nicht ein Segen ist. Das ist sie und sollte bei Bedarf auf jeden Fall genutzt werden. Besonders im Bereich der Epigenetik gibt es zurzeit eine Welle von Veröffentlichungen, die aufzeigen, dass Erfahrungen rund um die Geburt, auch perinatale Prägung genannt, einen signifikanten Einfluss auf unsere Gesundheit haben können. Dazu zählt auch der Verlauf der Geburt.

Zurzeit sind in Deutschland jedoch nur sieben Prozent der Geburten interventionsfrei. Wir haben eine Kaiserschnittrate von über 30 Prozent, wobei die Rate allein in Deutschland regionalen Schwankungen von 300 Prozent unterliegt.

Der ehemalige Leiter einer Geburtsstation in Wien hat dazu Folgendes zu sagen:

> *„Zur Zeit bringen in der BRD und Österreich nicht viel mehr als 5 % der Frauen Kinder ohne eine der obskuren geburtsmedizinischen Prozeduren zur Welt, obwohl bei den gegebenen Verhältnissen zumindest 95 % spontan und autonom gebären könnten und in höchstens 5 % geburtsmedizinische Maßnahmen vonnöten wären. Was 90 % der Frauen als medizinische Erleichterung vorgegaukelt wird, ist nicht nur überflüssig, sondern auch als prekär und schädlich zu erachten."*
>
> ALFRED ROCKENSCHAUB

Prof. Dr. Rockenschaub leitete die Ignaz Semmelweis Frauenklinik von 1965 bis 1985. Die Kaiserschnittrate war in dieser Zeit wenig höher als ein Prozent. Neben den oben bereits beschriebenen rein gesundheitlichen, physiologischen Konsequenzen einer so interventionsreichen Geburtshilfe wird in der Gefühls- und Körperarbeit erkennbar, dass die Konsequenzen noch weitere Tragweite haben.

Das Imprinting nach der Geburt ist wichtig.

Als beispielhaft hierfür soll die Trennung von Mutter und Kind nach der Geburt dienen. Kurz nach der Geburt öffnet sich ein Zeitfenster, in dem das Kind eigentlich die Erwartung hat, dass die starke Verbundenheit, Geborgenheit und der Schutz, den es im Mutterleib erlebte, nun gemeinsam mit Mutter und Vater weiter besteht. Als Imprinting beschreibt Willi Maurer den ungestörten, alle Sinne umfassenden Hautkontakt zwischen Mutter und Baby im Zeitfenster nach der Geburt bis zur Ausstoßung der Plazenta und innerhalb weniger Stunden danach.

Dieses Imprinting wirkt für das ganze Leben prägend und hat deshalb einen hohen Stellenwert in der Persönlichkeitsentwicklung. Dieses Zeitfenster kann dem Baby dazu dienen, in der Sicherheit des Zugehörigseins den Geburtsprozess zu verdauen und zu integrieren.

Das Ankommen in einer neuen Welt, die große Anstrengung unter der Geburt, eventuelle Komplikationen oder Gefahrensituationen können in einer imprintingfreundlichen Umgebung vom Kind und natürlich auch den Eltern verarbeitet werden.

Was geschieht aber, wenn das Imprinting verhindert wird?

> *„Solange die allererste Lebenserfahrung von uns Menschen Schmerz, Verlassenheit, Ohnmacht und Abspaltung dieser Gefühle ist, bleiben wir vorerst blind gegenüber der Erkenntnis, dass eine der verheerendsten menschlichen Gewalttaten das Weglegen von Babies und die damit verbundene Verunmöglichung des Imprinting ist."*
>
> Willi Maurer

Es war lange Zeit normal, Kinder nach der Geburt wegzulegen und sie zum Beispiel im Vierstundentakt zu füttern. Ganz im Gegensatz zu allen Säugetieren und Primaten gab es diese Praxis für viele Jahrhunderte und lange Zeit blieb es unbemerkt, welchen Einfluss dieses Vorgehen auf die Gesellschaft hat.

Aus meiner eigenen Selbsterfahrung und den begleiteten Prozessen weiß ich, dass Verlassenheit, Einsamkeit, Ohnmacht, Hilflosigkeit im Kind entstehen, wenn es die ersten Momente des Lebens nicht in Verbundenheit und im Körperkontakt mit Mutter oder, wenn dies verunmöglicht ist, dem Vater oder einer Person, die in den ersten Lebensjahren in der Familie präsent sein wird, verbringen kann.

Meist sind diese Erfahrungen emotional überfordernd für das Kind, sodass es diese Erinnerungen abspalten muss, da es eine lebensbedrohliche Situation bedeutet, als Neugeborenes alleine zu sein. Wir Menschen kommen frühreif auf die Welt und brauchen im Gegensatz zu anderen Säugetieren eine weitere Tragezeit außerhalb des Mutterleibs, um zu reifen und gesund zu wachsen, deshalb sind wir am Anfang des Lebens außerhalb der Gebärmutter so schutzlos und abhängig.

> *„Weil das kindliche Gehirn (oder das genetische Programm, das dessen Entwicklung steuert) nicht ‚wissen kann', worauf es später im Leben einmal ankommt und welche Verbindungen wirklich gebraucht werden, wird also zunächst erst einmal ein großer Überschuss an Verschaltungen bereitgestellt. Stabilisiert und erhalten bleiben davon aber nur diejenigen, die auch wirklich benutzt, das heißt häufig aktiviert werden. Am Anfang des Lebens ist also gewissermaßen noch alles möglich, aber nur wenige Verschaltungsmuster sind bereits so gut gebahnt, dass sie effektiv nutzbar sind."*
>
> Gerald Hüther

Die oben genannten Empfindungen beim Fehlen einer gefühlten Zugehörigkeit können Menschen dann dazu veranlassen, das Leben als nicht lebenswert zu betrachten. Eventuell verlieren sie den Glauben an sich selbst oder das Vertrauen, dass es sich lohnt auszudrücken, was sie mögen, da sie die Erfahrung gemacht haben, dass sie keiner hört oder wahrnimmt. Ohne Verständnis von Zeit sind also schon wenige Minuten alleine für den Säugling eine Ewigkeit und können prägenden Charakter haben. Mögliche Prägungen sind auch Wut und Hass aufgrund der nicht erfüllten Wünsche des Säuglings, Resignation und Dissoziation, die Unfähigkeit, Bedürfnisse zu spüren und diese zu äußern und noch weitere.

All dies bleibt meist im Verborgenen, bis Menschen sich durch einschneidende Erlebnisse auf den Weg der inneren Spurensuche begeben. Die Geburt eines eigenen Kindes oder eine Partnerschaft können zum Beispiel Situationen hervorrufen, die diese alten primären Erlebnisse wieder zum Schwingen bringen.

Meine traumatische Geburt nahm Einfluss auf meinen heutigen Schmerz

Das beste Beispiel auf meinem Weg ist dafür die Trennung von einer Partnerin. Ich hatte das große Glück, diese Phase schrittweise mit

Hilfe von Prozessbegleitern durcharbeiten zu können, und bei jeder Sitzung führte der angerührte Schmerz und die Verlustangst zu den frühen Erfahrungen als Säugling, der alleingelassen im Wärmebett oder Gitterbett liegt und dessen Existenz bedroht erscheint. Es war für mich nicht mehr von der Hand zu weisen, dass der angerührte Schmerz der Trennung von meiner Partnerin zum großen Teil der Schmerz des verlassenen Säuglings war. Aus dieser Perspektive scheinen die Millionen von Liebesliedern, in denen es um existentielle Gefühle wie Angst, Sehnsucht, Hass und Traurigkeit geht, verständlich.

> *„Wenn die Geburt traumatisch war, dann können spätere Trennungen im Spiegel der Urerfahrung erlebt werden, etwa als Verlust, Fall ins Bodenlose, Ausweglosigkeit, Vernichtung, Panik usw. Es ist dann für die Psychotherapie wichtig, diese Zusammenhänge aufzugreifen und durchzuarbeiten, wodurch im guten Falle eine Integration der frühen traumatischen Erfahrungen möglich ist und die Handlungs- und Beziehungsfähigkeit erheblich erweitert werden kann."*
>
> LUDWIG JANUS

Wie lässt sich die Entstehung von Gewalt erklären?

Das ist natürlich nur ein Beispiel, da es gerade in Partnerschaften viele Situationen geben kann, in denen frühkindliche Erfahrungen in Resonanz versetzt werden. Gewalttaten an schreienden Kindern oder Gewalt bis hin zu Mord aus Eifersucht deuten auf den enormen abgespaltenen Schmerz hin, der unserer Gesellschaft innewohnt. Der Ursprung der starken Gefühle bleibt meist unerkannt.

Der Verlust der Zugehörigkeit, so wie er empfunden wird, wenn wir nach der Geburt alleine sind, ist ein Nährboden für Mechanismen, die dazu dienen, Zugehörigkeit zu finden. Fußballvereine, Parteien, Sekten, Computerspiele, Burschenschaften und anderes können Zugehörigkeit empfinden lassen. Dagegen ist per se nichts auszusetzen. Worauf es zu achten gilt, ist, wenn diese Zugehörigkeit mit allen Mitteln verteidigt oder andere Gruppen angegriffen werden. Dann kann es sein, dass das mangelnde Zugehörigkeitsgefühl der ersten Lebensaugenblicke berührt ist, und da diese Erfahrung existenziell bedrohlich war, ist auch der Verlust der aktuellen Zugehörigkeit plötzlich (lebens-)bedrohlich. Hierzu zählt ebenfalls das Erkaufen von Zugehörigkeit durch Konsumverhalten verschiedenster Formen. Auch auf diese Weise kann Zugehörigkeit geschaffen werden. Problematisch ist dabei die zunehmende Ausbeutung der Erde und die Folgen für die kommenden Generationen, die damit den Preis für die unaufgearbeiteten Gefühle der aktuellen Gesellschaft zahlen müssen.

Aufgrund der Komplexität des Themas belasse ich es bei den bisher benannten Beispielen für den Einfluss frühkindlicher Erfahrung auf Gesundheit, Persönlichkeitsentwicklung und unsere Gesellschaft. Es ist mir ein Anliegen zu zeigen, dass die gemachten Erfahrungen weitreichend und fatal sein können. Aber das gilt in beide Richtungen.

Ist Prävention der Schlüssel?

Was wäre, wenn wir als Gesellschaft aufgrund des Wissens um die sensible Lebensphase entscheiden würden, präventiv zu handeln anstatt zu therapieren? Was würde geschehen, wenn Menschen ihrer eigenen Geschichte auf die Spur kämen, sie integrierten und dabei die Bedeutsamkeit frühkindlicher Erfahrungen begriffen?

Es wäre eventuell Folgendes der Fall: Im Gegensatz zu meiner anfänglichen Beschreibung der fehlenden Aufmerksamkeit für dieses Thema würden plötzlich viele Berufsstände, Familien und Institutionen merken, dass Kinder ein Recht auf einen guten Start ins Leben haben. Es würde klar werden, dass eine Geburt ein natürlicher Vorgang ist, der nur selten Intervention und Eingriff benötigt, dass dies aber nur möglich ist, wenn Familien in Ruhe, Geborgenheit und versorgt durch kompetente Hebammen gebären können, wo und wie sie es wollen. Auch das betrachte ich als ein Menschenrecht. Es wären dann nicht nur ein paar Hundert Menschen, darunter vermehrt Frauen und Kinder, die vor dem Gesundheitsministerium demonstrieren, um dieses Menschenrecht einzufordern. Nein, es würde sich eine bundesweite Bewegung formen, die darum weiß, dass wir es unseren Kindern und deren Potenzialen schuldig sind und wir als Erwachsene für die bestmögliche Gesundheit der Kinder die Verantwortung tragen. Was diese Bewegung alles erschaffen kann, kann ich nicht einschätzen, aber es ist höchste Zeit, dass es einen Bewusstseinswandel gibt, der Familien dabei unterstützt, ihre Kinder gut ins Leben zu tragen. Denn die …

> *„(…) Menschen hingegen, die als Neugeborene ihr Innerstes gar nicht erst abspalten mussten und Liebe und Achtsamkeit verinnerlicht haben oder wieder zurückgewonnen haben, werden den Mut haben, gesellschaftliche Veränderungen einzuleiten. Der Mensch ist nicht nur der Schöpfer der Welt von heute, sondern auch der von morgen."*
>
> Willi Maurer

Leseempfehlungen

- → Willi Maurer: Der erste Augenblick des Lebens
- → Michel Odent: Generation Kaiserschnitt
- → Jean Liedloff: Auf der Suche nach dem verlorenen Glück

🔊 HÖRFASSUNG
https://massel.net/DuBd

*»Ich denke, jeder ist blockiert.
Ich habe niemanden getroffen, der durch den
Schmerz seiner Kindheit nicht komplett
blockiert gewesen wäre. Von Geburt an.«*

JOHN LENNON

Das ursprüngliche Bedürfnis dazuzugehören

Die Zugehörigkeit zu einer Gruppe ist evolutionär gesehen überlebenswichtig. Nur, wenn wir dazugehören, können wir uns sicher und geborgen fühlen. Gerät diese Zugehörigkeit jedoch in Gefahr, bekommen wir Angst und unsere eigene Geschichte wird in Resonanz versetzt. Unsere frühkindlichen Erfahrungen der Verlassenheit haben wir mithilfe aufwendiger Strategien abgespalten und verdrängt. Trotzdem wirken sie unbewusst in unser erwachsenes Alltagsleben und erschaffen wiederkehrend die gleichen Konflikte. Die Integration unserer persönlichen Vergangenheit ist ein notwendiger Schritt für persönliche Veränderung und vor allem für einen gesellschaftlichen Wandel.

Im Spiegel der Wildnis

Lassen Sie mich mit einer ganz persönlichen Geschichte beginnen. Vor etwa 14 Jahren lebte ich zusammen mit einer Gruppe von Wildnisinteressierten für ein Jahr dauerhaft in der Wildnis Nordamerikas. Wir wollten herausfinden, wie ein primitives Leben (im Sinne von: eingeboren) im Wald fast ohne moderne Hilfsmittel funktionieren kann. In dieser besonderen Wildnissituation erlebte ich am eigenen Leib, dass mein Leben von der Zugehörigkeit zur Gruppe abhing, da ich alleine nicht zu überleben in der Lage wäre.

Wir lernten die notwendigen handwerklichen Fertigkeiten des Wildnislebens und nach einigen Wochen wurde uns klar, dass die größte Herausforderung für alle das gemeinschaftliche Zusammenleben ist! Durch unsere alltäglichen Interaktionen und Versuche absolut aufrichtiger Kommunikation merkten wir, dass sich gewisse Konfliktdynamiken immer wieder auf die gleiche Art und Weise entfalteten und dass jeder einzelne diese Konflikte bereits aus seinem Leben vor der Wildnis kannte. Meiner Einschätzung nach werden in der frühen Kindheit erlebte negative Erfahrungen im Erwachsenenleben als wiederkehrende Muster unbewusst aufs Neue inszeniert. Mir wurde deutlich, dass eine ehrliche Kommunikation und insbesondere die Arbeit an der eigenen prägenden Biographie die wichtigsten Fähigkeiten sind, um mit meiner Gruppe in freier Natur gut leben und überleben zu können, denn nur durch diese Spurensuche wird es möglich, das eigene Verhalten zu ändern. Der westlich geprägte Mensch ist so stark daran gewöhnt, seine Umwelt zu manipulieren und zu dominieren, dass er den Königsweg eines ausgeglichenen Lebens vergessen hat: die Anpassung. Eine weitere, grundlegende Erkenntnis aus dem Leben in der Natur ist, dass nur durch eine bestmögliche Anpassung an ihre Rhythmen ein „gutes Leben" möglich ist.

Mein Clan lebte teilweise monatelang durch Hunger, Wetter und Anpassungsleistung stark herausgefordert im nordamerikanischen

Wald. Eine Person in dieser Gruppe weckte in mir immer wieder starke Wut und starken Ärger. Ich hatte den Eindruck, dass dieser Mensch eher unmotiviert und wenig beitragend sein Leben im Clan lebte und das erzeugte in mir – auch aufgrund der Unmöglichkeit, mich abzulenken oder einfach gehen zu können – die erwähnten Gefühle von Wut und starker Ablehnung. Der Mensch machte mich wahnsinnig. Damals glaubte ich, die Situation sei genau so, ich war überzeugt von der Schlechtigkeit dieses Menschen. Schon bald jedoch musste ich einsehen, dass es sich um ein klassisches Beispiel einer Projektion handelte, auch Veräußerlichung genannt. Diese psychologischen Ausdrücke bedeuten, dass wir anderen Menschen die Verantwortung für unsere Gefühle geben und unangenehme Anteile unserer Selbst, die wir bei uns nicht sehen wollen, in anderen sehen bzw. auf andere projizieren. Manchmal wird dieser unbewusste Bereich der Persönlichkeit auch der eigene „Schatten" genannt.

Auch der russische Präsident, Wladimir Putin, ist sich dieser psychologischen Dynamik bewusst. Nachdem Joe Biden die Frage bejahte, ob er Putin für einen Killer halte, entgegnete Putin folgendermaßen:

> *„Aber wenn wir andere Menschen bewerten oder wenn wir sogar andere Staaten, andere Völker bewerten, sehen wir immer in den Spiegel, wir sehen uns immer selbst, weil wir auf eine andere Person übertragen, was wir selbst sind, was uns im Wesentlichen ausmacht. Wissen Sie, ich erinnere mich, als wir als Kinder im Hinterhof waren, als wir miteinander gestritten und gesagt haben: Wie Du andere nennst, so bist Du selbst. Und das ist kein Zufall, das ist nicht nur ein Kindersprichwort oder ein Witz. Der Sinn ist sehr psychologisch. Wir sehen immer unsere eigenen Qualitäten in einer anderen Person und denken, dass er so ist wie wir und daraus bewerten wir sein Handeln und bewerten ihn insgesamt."*

Eine Bekannte von mir, die auch ein Jahr in der Wildnis lebte, sprach einmal rückblickend die folgenden, weisen Worte:

„Am Anfang fragte ich mich, wie ich bloß ein Jahr im Wald überleben soll. Dann fragte ich mich, wie ich bloß ein Jahr mit diesen Menschen überleben soll. Dann fragte ich mich, wie ich bloß ein Jahr mit mir selber klar kommen soll."

Die Gefühle, die der „faule und demotivierte Kerl" in mir auslöste, sind meine Gefühle und erzählen die Geschichte meiner erlernten Reaktionsmuster auf äußere Umstände und Begebenheiten. Also stört nicht die Person, sondern ihre Art und Weise löst ein Gefühl in mir aus. Diese „Gefühlsantwort" ist zu einhundert Prozent meine Verantwortung und lädt mich dazu ein, mich selber besser kennenzulernen. Das war und ist freilich eine herausfordernde Erkenntnis, weil es so schön einfach ist, andere für die eigene Gefühlswelt verantwortlich zu machen.

Folgend auf die Erkenntnis, dass nicht die anderen für meine Gefühlswelt verantwortlich sind, begann die schwierige Suche nach der Antwort auf die Frage: „Was ist so schlimm daran, faul und demotiviert zu sein?" Ich hätte dabei etwa mitfühlend sein können, indem ich die betreffende Person gefragt hätte, wie es ihr geht. So machten es andere Teilnehmer in der Gruppe – was mir ein weiteres Mal aufzeigte, dass ich das „Problem" habe und nicht mein Gegenüber.

Da wir alle unterschiedlich aufgewachsen sind, werden es bei jedem von uns andere Verhaltensweisen sein, die unschöne Gefühle auslösen. Sie, liebe Leserin, lieber Leser, können also die Attribute „faul" und „demotiviert" durch diejenigen ersetzen, die in Ihnen die stärksten Gefühle auslösen.

Einige Monate später saß ich wieder einmal, aufgewühlt von diesen Gefühlen, im winterlichen Wald. Neben dem Hass und der Wut war nun auch Trauer zu spüren. Ein Clanmitglied saß neben mir und fragte mich mitfühlend, wovor ich denn Angst hätte? Diese Frage öffnete die Tür zum Kern des Geschehens. Ich erkannte: Wenn ich mich so verhalten würde, wie die Person, die ich wegen ihres Verhaltens verurteile, dann würden andere mich dementsprechend auch verurteilen und vielleicht aus der Gruppe ausschließen. Ich würde dann nicht mehr dazugehören, denn wer nicht fleißig ist und viel beiträgt, der wird verstoßen.

Ich hatte also Angst, ausgeschlossen zu werden, da ich selber mit Distanzierung auf andere reagiere, wenn sie sich wie oben beschrieben verhalten. Es ist ein verbreitetes Phänomen, dass Menschen im sozialen Miteinander Angst vor Verhaltensweisen haben, die ihre eigenen sind. Wenn ein Mensch zum Beispiel andere oft verurteilt oder bewertet, so nimmt er an, dass andere das auch tun; deshalb hat er Angst, von anderen verurteilt zu werden. Vor diesem Hintergrund gewinnt der Spruch „Sei der Wandel, den du in der Welt sehen willst“ eine ganz neue Tiefe und Bedeutsamkeit.

Wie an meinem Beispiel zu sehen, werden in Beziehungen Gefühle und Annahmen oft als Projektionen auf andere erlebt. Auf diese Weise ist leider die Erkenntnis der eigenen Verantwortung für die aktuelle Lebenssituation verschleiert. Indem wir unsere ungeliebten Persönlichkeitsanteile unbewusst in den eigenen Schatten rücken und bei Gelegenheit ebenso unbewusst auf andere projizieren, wird die Erkenntnis verhindert, wie wir selber unsere Lebenssituation erst mit erschaffen und dann darunter leiden.

Warum erzähle ich diese persönliche Geschichte? Nun, ich finde es authentischer, eine selbst erlebte Erfahrung zu beschreiben, als die einer von mir begleiteten Person oder rein theoretisch einen psychologischen Mechanismus zu beschreiben, mit dem ich bei meiner Arbeit mit Menschen immer wieder zu tun habe. Für mich war es nur durch die starke emotionale Berührtheit möglich, den Mechanismus zwischen oberflächlicher Verurteilung einer anderen Person und der eigenen Angst, nicht dazuzugehören, zu verstehen.

Diese Geschichte soll zeigen, wie stark die menschliche Sehnsucht nach Zugehörigkeit sein kann – und wie sehr die Angst, diese Zugehörigkeit zu verlieren, unbewusste Motivation für Handlungen sein kann. Dabei ist immer davon auszugehen, dass die meisten

Menschen sich ihrer verschütteten Sehnsucht nach Zugehörigkeit gar nicht bewusst sind. Ich war es jedenfalls so lange nicht, bis ich mich, angeregt durch meine aufwühlenden Erlebnisse in der Wildnis, auf den Weg machte, meine eigene Geschichte kennenzulernen.

Anknüpfend an den hervorragenden Beitrag „Ich will lieben und geliebt werden" von Franz Ruppert[1], in dem er deutlich macht, wie sehr uns das frühkindliche Bedürfnis nach mütterlicher Liebe prägt, möchte ich die Betrachtung des Geliebtwerdens um den Aspekt der Zugehörigkeit erweitern und darauf eingehen, aus was die so wichtige Liebe besteht, die ein Kind am Anfang seines Lebens braucht. Dr. Rupperts Ausführung zur Liebesfähigkeit und dem existenziellen Wunsch, geliebt zu werden, kann ich aus meiner zehnjährigen Selbsterforschung und begleitenden Arbeit mit anderen Menschen vollumfänglich bestätigen.

In dem Wunsch, geliebt zu werden, steckt das Bedürfnis dazuzugehören, um Wärme, Geborgenheit und Sicherheit zu erfahren. Dieses ursprüngliche Bedürfnis ist so kraftvoll, dass es wahrscheinlich zu den stärksten Grundbedürfnissen eines Menschen zählt. Ich möchte dieses Phänomen gerne aus zwei Perspektiven betrachten.

Geschichtliche und persönliche Zugehörigkeit

Eine davon ist unsere Vergangenheit als Homo Sapiens. Aus unserer stammesgeschichtlichen Evolution heraus betrachtet, waren wir die meiste Zeit unserer Existenz davon abhängig, in einer Gruppe zu leben. Wie in meinem persönlichen Beispiel beschrieben, sicherte das gemeinschaftliche Leben das Überleben des Einzelnen. Aus dieser Gruppe ausgeschlossen zu sein, bedeutete den baldigen Tod oder leidvolles Überleben. Früher lebten wir deshalb in kleinen Verbänden zusammen und die Versorgung dieser Clans war nur möglich, weil jeder seinen Beitrag leistete. Allein war vielleicht eine kurze Zeit des Überlebens möglich, aber das ursprüngliche Leben war ein Leben in Gemeinschaft.

Die zweite Ebene ist eine ganz persönliche. Wie in Dr. Rupperts Artikel sehr gut beschrieben, hat jeder Mensch das existenzielle Bedürfnis, geliebt zu werden. Ein wichtiger Ausdruck dieser Liebe ist Zugehörigkeit. Sowohl das Baby im Bauch der Mutter als auch der Säugling und das Kleinkind brauchen permanente und liebevolle Verbundenheit, um sich geliebt zu fühlen. Dazu zählt vor allem ein vollumfänglicher und sinnlicher Hautkontakt zur Mutter in der Zeit direkt nach der Geburt. Willi Maurer, Schweizer Prozessbegleiter mit über 30 Jahren Erfahrung in der Begleitung von Menschen, nennt diese kurze, aber sehr prägende Phase nach der Geburt das „Imprinting“ und bezeichnet sie als heute in der Regel „verschüttete Quelle des Friedens“.

> *„Die Spirale der Gewalt zeigt, dass wir anderen Menschen das antun, was uns selbst widerfahren ist. Doch ohne Selbsterforschung bleiben wir blind gegenüber der tief in uns verdrängt liegenden Wahrheit. In Hochkulturen ist es seit Jahrtausenden üblich, Neugeborene von ihrer Mutter zu trennen und wegzulegen – in die Wiege, ins Kinderzimmer, in fremde Hände. Damit ist der alle Sinne umfassende, prägende Kontakt zwischen Mutter und neugeborenem Kind, das ‚Imprinting‘, verunmöglicht. Eine der Konsequenzen des fehlenden ‚Imprintings‘ könnte die Tendenz sein, Gewalt anzuwenden, und zwar dann, wenn in uns das in frühester Kindheit verdrängte Gefühl der Ohnmacht angerührt wird. Ein Bewusstseinssprung ist von Nöten, um vom ‚Kampf gegen die Gewalt‘ zur wirklichen Gewaltprävention zu finden, nämlich zu individuellen und gesellschaftlichen Rahmenbedingungen, die das Imprinting ermöglichen.“*

Ebenfalls aus der Schweiz kommend, beschreibt Psychotherapeut und Psychoanalytiker Franz Renggli den Wunsch nach Zugehörigkeit durch Körperkontakt folgendermaßen:

> *„Unmittelbar nach der Geburt ist seine Situation wie diejenige des Affenkindes: Es fühlt sich direkt vom Tod bedroht, wenn es nicht*

> *in unmittelbaren Körperkontakt mit der Mutter sein darf. (...) Das primäre Bedürfnis eines menschlichen Wesens ist dasjenige nach dem unmittelbaren Körperkontakt mit seiner Betreuerperson. Und im Körperkontakt mit der ihm bekannten Mutter kann das Baby am leichtesten dieses Gefühl von Wärme, Geborgenheit und Sicherheit empfinden."*

Forschungen im Bereich der Epigenetik beschreiben den nachhaltigen Effekt des frühzeitigen Verlassenwerdens so:

> *„Wie die epigenetische Gedächtnisbildung eines frühen Stresserlebnisses im Mausgehirn aussieht, konnten wir in der Arbeitsgruppe Neuroendokrinologie im Detail aufklären. Werden neugeborene Mäuse von der Mutter für kurze Zeit getrennt, dann können sich diese Tiere ihr Leben lang nur schlecht an Stresssituationen anpassen. Ihr Gedächtnis, ihr Antrieb und ihre Emotion sind gestört. Auch die Stresshormone sind erhöht, weil im Gehirn der traumatisierten Mäuse das Eiweißmolekül Vasopressin (AVP) überproduziert wird."*

Und auch nach der Geburt ist ein Kontinuum der Zugehörigkeit des Kindes zu liebevollen Personen notwendig, um sich geliebt und als Teil zu fühlen. Natürlich braucht es dazu nicht nur das physische Beisammensein, sondern echte und liebevolle Präsenz der Eltern oder anderer vertrauter Personen.

Eine Kultur des Getrenntseins

Wir leben in einem Kulturkreis, in dem das Weglegen des Kindes seit einigen Jahrhunderten Teil der Maxime moderner „Erziehung" ist. Obwohl sich glücklicherweise in den letzten Jahrzehnten eine Besserung abzeichnet, sind trennende und damit prägende Erfahrungen für Kinder immer noch ein elementarer Teil unserer Gesellschaft. Dazu kommt, dass die Erfahrungen unserer Eltern und Großeltern als Erinnerungen in uns weiterleben, sofern sie nicht erkannt und integriert werden können. Aus der aktuellen epigenetischen Forschung ist zu entnehmen, dass alle Erinnerungen, auch die unserer Vorfahren, teilweise in unseren Zellen gespeichert sind.

> *„Unsere Zellen erinnern sich also an Umwelteinflüsse und die Folgen des eigenen Lebensstils. Erfahrungen der Vorfahren sind in ihnen ebenso gespeichert wie Erlebnisse aus der Zeit um die Geburt und weitere Gegebenheiten aus dem bisherigen Leben."*
>
> PETER SPORK

Ein immer noch praktiziertes Beispiel für eine Pädagogik der Verlassenheit ist das Schlaftraining für Kinder, in welchem versucht wird, diese dazu zu bringen, in sehr frühem Alter alleine in einem dunklen Zimmer zu schlafen. Eltern werden zum Beispiel im Bestseller JEDES KIND KANN SCHLAFEN LERNEN von Experten dazu angeleitet, das verzweifelte bis todesgeängstigte Schreien ihres Kindes auszuhalten, damit es sich daran gewöhnt, alleine zu schlafen. Eine Anleitung für die Entstehung von starker Verlassenheit und Ohnmacht! Dazu kommen immer noch teilweise praktizierte Methoden,

wie das Wegstellen und Schreienlassen des Kindes und die zu frühe Fremdbetreuung des Kindes in einem Alter, wo es diesen Elternverlust noch nicht verarbeiten kann. Auch hier findet eine emotionale Überlastung statt, in der das Kind starke Verlassenheit erleben kann.

Versuchen Sie einmal ein Säugetier auf dieser Welt zu finden, welches sein eigenes Kind am Anfang des Lebens alleine in der Dunkelheit schlafen lässt. Kinder und vor allem Babys sind nicht dafür gemacht, nachts und vor allem beim Übergang in den Schlaf alleine zu sein. Es überfordert sie und hinterlässt ein starkes Gefühl der Verlassenheit. Das war nicht der ursprüngliche Umgang indigener Gemeinschaften mit ihren Kindern.

> *„Zum Verständnis eines Babys oder Kleinkindes bei den verschiedenen ursprünglichen Kulturen dieser Welt – sei das in Südamerika, in Afrika oder in Asien – habe ich die gesamte Literatur über die frühe Eltern-Kind-Beziehung bei diesen Völkern durchgelesen. Und bei aller Verschiedenheit ist mir sofort ein gemeinsames Merkmal aufgefallen: Ein Baby weint nie über eine längere Zeit!“*
>
> FRANZ RENGGLI

Auf der Suche nach dem eigenen Flugschreiber

Jeder Mensch in unserer Gesellschaft hat auf die eine oder andere Weise Erfahrungen der Verlassenheit und dazugehöriger Ohnmacht erlebt und trägt diese, meist unbewusst, in und mit sich. Diese unbewussten Erinnerung ist wie der Flugschreiber eines Flugzeugs. Er zeichnet alles auf, ist schwer zugänglich, fast wie gepanzert, um ein Herankommen an die Informationen zu erschweren. Trotzdem wirken diese Erfahrungen in das alltägliche Leben eines Menschen und beeinflussen den erwachsenen Alltag.

Dr. Arthur Janov, Begründer der Primärtherapie, beschreibt dieses Phänomen folgendermaßen:

„Wenn sich ein geheimnisvolles Flugzeugunglück ereignet, beginnt sofort die Suche nach der Blackbox, in der sich alle Geheimnisse über den Flug bis zum Unglücksmoment befinden. Dieser stumme Zeuge liefert einen Bericht über das Verhalten des Flugzeugs und gibt Ermittlern Aufschluss darüber, durch welche Ereignisse oder Umstände es zu dem Unglück kam. Auch der Uterus ist so eine Blackbox. Er enthält Geheimnisse, die abweichendes Verhalten im späteren Leben erklären können. Das Gehirn eines Fötus birgt wie die Blackbox eines Flugzeuges nahezu unzerstörbare Aufzeichnungen über die vergangen Ereignisse."

ARHUR JANOV

Ich bin der Meinung, dass diese Altlast der Verlassenheit heutzutage eine sehr bedeutsame, aber verborgene gesellschaftliche Rolle spielt. Aufgrund dieser früh erfahrenen Verlassenheit sucht sich der Mensch Ersatzzugehörigkeiten, in denen er vermeintlich das findet, was er am Anfang seines Lebens gebraucht hätte. Es kann ein Sportverein, eine Religion, eine Partei, eine Weltanschauung, eine Ernährungsweise oder Ähnliches sein. John Lennon, auf den ich später noch zurückkommen werde, stellt in seinem Lied „Daddy come home" die folgende These auf: Je mehr Schmerz wir durch Verlassenheit erlebt haben, desto mehr und stärker brauchen wir Ersatzzugehörigkeiten:

„Unser Schmerz ist der Schmerz, durch den wir die ganze Zeit gehen. Du wirst in Schmerz hineingeboren und wir befinden uns meist im Schmerz. Und ich glaube, je größer der Schmerz ist, umso mehr Götter brauchen wir."

Unabhängig vom Thema oder der Ideologie einer Gruppe schwingt in vielen Debatten und gesellschaftlichen Diskursen diese Angst vor Verlassenheit mit. Sie zeigt sich zum Beispiel in der Vehemenz, mit der in der Corona-Krise Andersdenkende, die die eigene Gruppenideologie in Frage stellen, angegriffen werden.

Ein weiteres, sehr anschauliches Beispiel ist das Konformitätsexperiment von dem polnisch-amerikanischen Pionier der Sozialpsychologie Solomon Asch. Es zeigt auf, wie schnell eine Person die eigene Wahrheit an die objektiv falsche Meinung der Gruppe anpasst. In dem Experiment wird einer Gruppe Studenten die Aufgabe gestellt, zwischen vier Linien zwei zu finden, die gleich lang sind. In der Studiengruppe antworten die Studenten absichtlich falsch und der unwissende Proband passt seine Einschätzung der offensichtlich falschen Einschätzung der Gruppe an. Er benennt also eine zu kurze oder zu lange Linie als gleichlang.

> *„Die Probanden passten sich bei etwa einem Drittel der Durchgänge trotz offensichtlicher Fehlentscheidung der Mehrheit an. Nur ein Viertel der Versuchspersonen ist unbeeinflusst geblieben, sie machten auch in den 12 manipulierten Durchgängen keinen Fehler. (…)*
> *In der Kontrollgruppe sollten die Vertrauten des Versuchsleiters ihre wahre Einschätzung in der Gruppe äußern, welche Linie die gleich lange sei. Erwartungsgemäß macht die Versuchsperson, die mit den heimlich Vertrauten am Tisch sitzt, unter dieser Bedingung kaum Fehler (unter 1 %).“*

Hier verschmelzen beide oben beschriebenen Ebenen des Wunsches nach Zugehörigkeit. Auf der einen Seite sind wir aktuell Bestandteil von Gruppen, die uns Zugehörigkeit geben und unsere Jäger-und Sammler-Intuition weiß, dass wir eine Gruppe brauchen, um zu überleben. Auf der anderen Seite ist auch unser verlassenes Kind Teil unserer Person und hat aufgrund der eigenen Geschichte Angst, Zugehörigkeit zu verlieren. Die Identifikation mit der Meinung einer Gruppe und das damit erhaltende Gefühl der Zugehörigkeit muss deshalb vor Störungen durch abweichende Meinungen geschützt werden, die das gemeinsame und haltgebende Narrativ der Gruppe in Frage stellen.

Die Beleidigungen von „Andersdenkenden“ richten sich meist nicht gegen das Thema, das mit ihnen assoziiert wird, sondern gegen die Personen. Das ist meistens ein Zeichen für eine emotionale Ursache, in der eine gewisse Aggression mitschwingt. Genau wie in meinem eingangs beschriebenen persönlichen Beispiel aus der Wildnis entsteht Abneigung, Wut oder sogar Hass gegen ein Verhalten einer anderen Person. Hass ist immer auf ein Verhalten und nie auf eine Person als Ganzes gerichtet. Ich hasse dich, bedeutet, es gibt Verhaltensweisen an dir, die in mir starke Abneigung auslösen. Wären diese Verhaltensweisen nicht da, würde ich auch diesen Hass nicht empfinden. In dieser Differenzierung zwischen Person und Verhalten läge ein enormes Potenzial für Dialogfähigkeit. Diese ist meiner Erfahrung nach dann besser möglich, wenn der unterdrückte und aufgestaute Hass durch innere Arbeit integriert ist und so an Intensität verliert. Gleiches gilt für die Zugehörigkeit. Wenn eine Person sich ihrer vergangenen Ohnmacht und Verlassenheit bewusst wird und diese in begleiteter Arbeit oder Therapie Schritt für Schritt in die eigene Biographie integrieren kann, dann wird der Druck, unbedingt kompensatorische Zugehörigkeit finden zu müssen, schwächer und es findet ein Abbau von Angst vor dem Verlust der Zugehörigkeit statt.

Den Flugschreiber bergen und öffnen

Meiner Erfahrung nach gibt es jedoch nur wenige Menschen, die bereit sind, sich ihrer eigenen, teilweise schmerzhaften Vergangenheit zu stellen. So lange früh erlernte Vermeidungsstrategien aufrecht erhalten werden können, werden diese wiederholt und verfestigt. Jedoch gibt es immer wieder Phasen im Leben, die einen Erkenntnisprozess scheinbar begünstigen und manchmal erzwingen. In meinem Beispiel war es das Einlassen auf einen explizit dafür vorgesehen Erfahrungsraum in der Wildnis. Dazu gehörte die Vorarbeit, dass ich erkannt hatte, dass gewisse Konflikte in Beziehungen immer wieder auftauchen. Außerdem wollte ich in der Wildnis erleben, was geschieht, wenn ich die Situation nicht verlassen kann. Es war also eine bewusste Entscheidung, den Dingen auf den Grund zu gehen bzw. den Flugschreiber zu bergen und zu öffnen.

Ein weiterer Umstand ist dann gegeben, wenn es zu einem „Absturz“ der Vermeidungsstrategien kommt. Damit ist gemeint, dass zum Beispiel körperliche Symptome aufgrund der Verdrängung aufkommender Gefühle so stark werden, dass es nicht mehr möglich ist, wie bisher weiterzuleben. Das ist oft bei Menschen der Fall, die für lange Zeit innere Konflikte unterdrücken oder nicht wahrhaben wollen und dafür körperlichen Schmerz oder diverse Symptomatiken in Kauf nehmen. An einem gewissen Punkt wird der Schmerz oder das Symptom so stark, dass „Durchhalten“ und „Weitermachen“ nicht mehr möglich sind. Dieses Phänomen umschreibt der kanadische Arzt und Autor Dr. Gabor Mate mit dem Buchtitel WENN DER KÖRPER NEIN SAGT sehr treffend.

Eine berühmte Person, die sich ihrer emotionalen Vergangenheit zugewandt hat, ist der bereits oben zitierte John Lennon. Er begab sich 1970 auf eine innere Spurensuche bei Dr. Arthur Janov in Kalifornien. Lennon beschreibt seine Erkenntnisse aus der Arbeit mir Dr. Janov in einem Radio-Interview wie folgt:

> *„Ich denke, jeder ist blockiert. Ich habe niemanden getroffen, der durch den Schmerz seiner Kindheit nicht komplett blockiert gewesen wäre. Von Geburt an. Es ist so, als ob wir irgendwann ausgeschaltet wurden, so dass wir Dinge nicht fühlen.“*

Darauf folgend entstand sein berühmtes, sehr emotionales Album „John Lennon/Plastic Ono Band“. Ein Auszug aus dem Lied „Mother“ zeigt, dass er in seiner Therapie mit seiner eigenen Verlassenheit tief in Berührung gekommen ist.

> *„Mutter, du hattest mich, aber ich hatte dich nie!*
> *Ich wollte dich, aber du wolltest mich nicht.*
> *Vater, du hast mich verlassen, aber ich dich nie.*
> *Ich brauchte dich, aber du mich nicht.“*

Gefühle fühlen und nicht besprechen

Das damals Besondere an der Primärtherapie von Dr. Janov war die Arbeitshypothese, der zufolge es möglich ist, an alle abgespeicherten Erfahrungen durch den Ausdruck von Gefühlen und Impulsen „heranzukommen". Damit ist die systematische und später durch Studien begleitete Erforschung des Unbewussten gemeint. Populistisch als „Urschrei-Therapie" benannt, war Janovs Arbeit revolutionär, da er Menschen die Möglichkeit gab, nicht kognitiv über den angestauten Schmerz der Kindheit zu sprechen, sondern diesen in voller Emotionalität zum Ausdruck zu bringen. Er beschreibt seinen Arbeitsansatz wie folgt:

> *„Fast jedem von uns geschehen früh im Leben schmerzhafte Dinge, welche unser ganzes System prägen und uns fortwährend unglücklich machen. Es ist die Ursache für Depressionen, Phobien, Panikattacken und Angststörungen und viele weitere Symptome, die zu unserem Unglück hinzukommen. Wir haben einen Weg in diese frühen emotionalen Archive gefunden und gelernt, Zugang zu diesem (Zell-)Gedächtnis zu bekommen und es aus dem Unbewussten heraufzuholen. Das erlaubt uns, sie in der Gegenwart noch einmal zu erleben, sie zu integrieren und nicht mehr länger durch das Unbewusste gesteuert zu werden. Zum ersten Mal in der Geschichte der Psychologie gibt es einen sicheren Weg, Zugang zu versteckten Gefühlen zu bekommen und so menschliches Leid zu vermindern. Es ist in seiner Essenz die erste Wissenschaft der Psychotherapie."*

Über die letzten zehn Jahre habe ich immer wieder in der von mir angebotenen Gefühls- und Körperarbeit erlebt, wie Menschen ihrer Vergangenheit auf die Spur kommen und sich Stück für Stück ihrer Geschichte bewusst werden. Immer entdecken sie dabei viele ungelebte Gefühle, die sich über Jahrzehnte aufgestaut haben. Jede Person hat eigene, meist sehr energieaufwendige Methoden entwickelt, um diese Gefühle versteckt zu halten und ihre

Bewusstwerdung zu vermeiden. Mögliche Strategien sind zum Beispiel vielfältiger Konsum von Gütern und Kulturangeboten, Drogen, Medien, Essen, eifriges Arbeiten und anderweitige, manchmal auch idealistische Projektverwirklichung, sprunghaftes Beziehungsleben, übermäßiges Sporttreiben oder zwanghaftes Reisen.

Das ist nur eine kurze, beispielhafte Liste möglicher Strategien. Ich will diese Strategien damit nicht als schlecht abwerten, denn sie hatten und haben den Nutzen, etwas zu verhindern, was unangenehm oder auch überfordernd wäre. In meiner oben geschilderten Wildniserfahrung hatte ich nicht mehr die Möglichkeit, meinen Vermeidungsstrategien nachzugehen und deshalb bahnten sich die ursprünglichen Gefühle ihren Weg an die Oberfläche. Aber – und das scheint mir sehr wichtig zu sein – ich hatte ebenfalls einen „Raum", in dem Gefühle und deren Ausdruck explizit erwünscht waren. Wir hatten als Gemeinschaft die Verabredung, dass wir füreinander da sind und uns gegenseitig einladen, ganz ehrlich miteinander zu sein. Das ist im normalen Alltag meist nicht gegeben. Deshalb ist es von großer Relevanz, dass sich Menschen, die sich auf Spurensuche begeben wollen, professionell begleitete Räume suchen, in denen sie im eigenen Tempo und auf ihre Art und Weise Zugang zu ihrer Vergangenheit in Bezug auf Zugehörigkeit und Verlassenheit finden können.

Stell dir vor

> *„Wir müssen die Macht über die Geschichte, über unsere Geschichte, (zurück-) gewinnen. Ohne aufgeklärtes historisches Bewusstsein können wir weder die Gegenwart noch die Zukunft autonom und friedlich gestalten."*
> Ulrich Teusch

Ich glaube, dass jede noch so positive, neue Bewegung oder gesellschaftliche Veränderung durch das unbewusste Wirken unseres Flugschreibers, also unsere abgespaltenen Gefühle, boykottiert werden kann, so dass wir erneut wieder in ähnlichen Verhältnissen und Machtstrukturen landen, die wir seit Jahrhunderten aufrechterhalten. Ich vertrete die Ansicht, dass ein gesellschaftlicher Wandel, in dem wir uns als Menschheitsfamilie miteinander verbunden fühlen und dementsprechend handeln, eine Basis der inneren Verbundenheit benötigt. Ich beobachte seit vielen Jahren die zunehmende Popularität von Kritik an gesellschaftlichen Missständen. Selbstverständlich ist diese in vielen Fällen gerechtfertigt und wichtig. Gleichzeitig habe ich in den letzten 15 Jahren den Eindruck gewonnen, dass nur ein sehr kleiner Teil der Menschen bereit oder interessiert daran ist, den Blick nach innen zu richten. Ich plädiere hier nicht für ein Entweder-oder, da eine Kritik und Verbesserung gesellschaftlicher Strukturen meiner Meinung nach mit ganz persönlicher Bewusstseinsarbeit eng zusammenhängen. Ich denke sogar, dass die Integration der eigenen Geschichte eine Grundlage dafür ist, neue und gesunde Verhältnisse im Außen erschaffen zu können. Ich glaube nicht an Heilung, sondern an das Erkennen und Integrieren der eigenen Vergangenheit, um diese nicht als Last tragen zu müssen. Mit einem mitfühlenden Verständnis für den eigenen, integrierten Schmerz und die selbst erlebte Verlassenheit wird es möglich, liebevoller auf die Welt und die Mitmenschen zu schauen. Es wird vielleicht möglich sein, die Person, die Hass und Wut in mir auslöst, als Hinweisgeber für eigene Schatten anzuerkennen und ihr davon zu erzählen, was ihr Verhalten in mir auslöst.

So ging es mir, als ich zeigen und aussprechen konnte, was eigentlich tief unter dem Urteil und der Abneigung gegen den Mitmenschen aus meiner Wildnisgruppe lag. Ich konnte ihm irgendwann meine Angst davor zeigen, nicht dazuzugehören. Und das Zeigen dieser Angst schuf Verbundenheit, da jeder diese Angst ein Stück weit in sich trägt und kennt.

Auf diese Weise wird es einfacher sein, sich von kompensatorischen Zugehörigkeiten zu verabschieden und ein Gespür für die wirklichen Bedürfnisse nach Gemeinschaft und Verbundenheit zu entwickeln. Dazu gehört, dass Menschen, die ihre Zugehörigkeit wieder entdeckt haben, sich weniger durch Gruppenzwang manipulieren und ködern lassen. Sie benötigen auch weniger Strategien, um die innere Leere zu füllen, da sie ihren Selbstwert wiederentdeckt haben. So können sie sich sinnstiftenden Dingen zuwenden, anstatt dazu beizutragen, die Zerstörung der Erde durch den Konsum verschiedener Produkte voranzutreiben. Ich bin nicht in der Lage vorauszusehen, was unter idealen Umständen denkbar wäre, habe aber durch meine begleitende Tätigkeit die Erkenntnis gewonnen, dass es Menschen inne wohnt, eine tiefe innere Zufriedenheit und Verbundenheit zu spüren und sich dadurch für ganz neue Verhaltensweisen zu entscheiden. Deshalb glaube ich, dass Bewusstseinsarbeit ein wichtiger Bestandteil für einen nachhaltigen Wandel zu unserer Traumvorstellung einer besseren Welt ist. Und um mit John Lennon zu schließen:

> *„Stell dir vor, alle Menschen lebten in Frieden. Du magst vielleicht sagen, ich sei ein naiver Träumer, aber ich bin nicht der Einzige. Ich hoffe, du wirst dich uns eines Tages anschließen. Dann wird die Menschheit vereint leben."*

---

1 https://apolut.net/ich-will-lieben-und-geliebt-werden-von-franz-ruppert/ – **https://archive.ph/REvdi**

Leseempfehlungen

- → Franz Renggli: Verlassenheit und Angst – Nähe und Geborgenheit
- → Arthur Janov: Vorgeburtliches Bewusstsein
- → Peter Spork: Gesundheit ist kein Zufall
- → Michel Odent: Von Geburt an gesund

»Die Menschen hingegen, die als Neugeborene ihr Innerstes gar nicht erst abspalten mussten und Liebe und Achtsamkeit verinnerlicht haben oder wieder zurückgewonnen haben, werden den Mut haben, gesellschaftliche Veränderungen einzuleiten. Der Mensch ist nicht nur der Schöpfer der Welt von heute, sondern auch der von morgen.«

Willi Maurer

🔊 **HÖRFASSUNG**
https://massel.net/dWhz

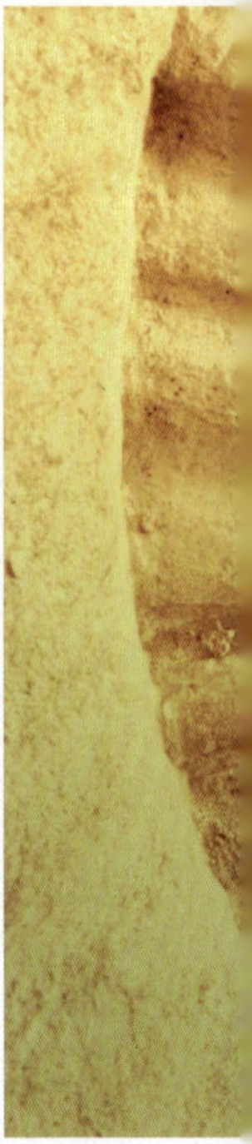

»Die Spirale der Gewalt zeigt, dass wir anderen Menschen das antun, was uns selbst widerfahren ist. Doch ohne Selbsterforschung bleiben wir blind gegenüber der tief in uns verdrängt liegenden Wahrheit.«

WILLI MAURER

Der Wiederholungszwang

In der Weltgeschichte wie in der individuellen Entwicklung vermeiden wir Leid nur, wenn wir aus in der Vergangenheit gemachten Fehlern lernen. Warum überhaupt weit in die Vergangenheit gehen und längst vergangene Epochen erforschen? Die Antwort auf diese Frage ist: Aus demselben Grund, aus dem wir auch in der Psychoanalyse weit in die Kindheit zurückgehen: Nur, wenn wir die Ursachen von Fehlentwicklungen erkennen, haben wir die Chance, vergangene Fehler nicht noch ein weiteres Mal zu wiederholen. Die Auseinandersetzung mit diesen „dunklen Punkten“ erfordert jedoch Mut und ist oft mit schmerzhafter Selbsterkenntnis verbunden. Gerade deshalb wehren Menschen die Überbringer schlechter Nachrichten geradezu verzweifelt ab. Das ist fatal, wenn uns etwa Whistleblower und Umweltaktivisten auf unsere Verstrickung in kollektive Schuld aufmerksam machen. Weil – und wenn! – wir diese Zusammenhänge nicht wahrhaben wollen, sind wir gezwungen, unsere Fehler immer wieder zu reproduzieren. Frieden im Inneren wie im Außen setzt einen aktiven Bewusstwerdungsprozess voraus.

> *„Gibt es eine Möglichkeit, die psychische Entwicklung des Menschen so zu leiten, dass sie den Psychosen des Hassens und Vernichtens gegenüber widerstandsfähiger werden?"*

Mit dieser Frage wandte sich Albert Einstein im Jahre 1932 an Sigmund Freud. [1]

Historiker untersuchen die Geschehnisse gewisser Epochen oder Regionen und gewinnen so ein Verständnis für den Lauf der Geschichte. Wie ein Puzzle formt sich aus verschiedensten Erkenntnissen, Hinweisen und Spuren ein größeres Bild. Der Dienst an der Gegenwart liegt dabei darin, die Möglichkeit zu bekommen, die Dynamiken und Zusammenhänge vergangener Situationen bewusst werden zu lassen.

Mit einem bewussten Geschichtsverständnis können wiederkehrende Muster erkannt werden und durch diese Erkenntnis wird es möglich, sich zu entscheiden, ob die Wiederholung alter, schon da gewesener Abläufe für die heutigen Situationen sinnvoll ist oder nicht. Ich finde, die Historiker leisten damit einen äußerst wertvollen Dienst, da das Erforschen und Bewusstwerden der Vergangenheit so dem Erblühen der Gegenwart und der Zukunft dienen kann.

Jedoch scheint dieser wertvolle Dienst der Geschichtswissenschaftler nicht genutzt zu werden, denn bei Betrachtung aktueller kriegerischer und wirtschaftlicher Konflikte zeigt sich, dass sich zerstörerische, gewaltvolle, „historische Muster" wiederholen und wir uns offenbar nicht dafür entscheiden, andere Wege zu gehen. Mehr noch, die Analyse und Benennung von Kriegs- und Wirtschaftsverbrechen stößt auf Widerstand: Historiker wie Dr. Daniele Ganser und Autoren oder Whistleblower wie zum Beispiel Matthias Bröckers, Julian Assange, Edward Snowden, Chelsea Manning, Ken Jebsen und andere belegen und kritisieren das sich wiederholende, leiderzeugende Muster westlicher Angriffskriege und treffen dabei auf Widerstand und Ablehnung. Warum?

Das Auflösen destruktiver, leiderzeugender und wiederkehrender Verhaltensweisen erfordert Mut und die Bereitschaft, sich diese ins Bewusstsein zu rufen. Dieser Weg führt unvermeidlich zu verdrängten Gefühlen wie Trauer, Wut, Ohnmacht, Verlassenheit und Verzweiflung.

Bleiben diese Gefühle jedoch unbewusst und werden verdrängt, werden sie von Generation zu Generation weitergegeben. Sie können sogar strategisch eingesetzt werden, zum Beispiel um einen Krieg zu initiieren, wie der Fall der sogenannten „Brutkastenlüge" zeigt. Hier führten individuelle, auf der kollektiven Ebene verdrängte Gefühle zu einer Gewaltspirale.

> *„Als Brutkastenlüge wird die über längere Zeit als Tatsache verbreitete Lüge bezeichnet, dass irakische Soldaten bei der Invasion Kuwaits im August 1990, dem Beginn des Zweiten Golfkriegs, kuwaitische Frühgeborene getötet hätten, indem sie diese aus ihren Brutkästen gerissen und auf dem Boden hätten sterben lassen. Diese Behauptung wurde 1990 von Nayirah as-Sabah (auch Naijirah) im Kongress der Vereinigten Staaten kolportiert. Sie hatte Einfluss auf die öffentliche Debatte über die Notwendigkeit eines militärischen Eingreifens zugunsten Kuwaits und wurde unter anderem vom damaligen US-Präsidenten George H. W. Bush und von Menschenrechtsorganisationen vielfach zitiert. Erst nach der US-geführten militärischen Intervention zur Befreiung Kuwaits stellte sich die Geschichte als Erfindung der amerikanischen PR-Agentur Hill & Knowlton heraus. Diese war von der im Exil befindlichen kuwaitischen Regierung bezahlt worden, um eine Rückeroberung Kuwaits mittels Öffentlichkeitsarbeit zu unterstützen."* [2]

Mit dieser Inszenierung wurde, wahrscheinlich absichtlich, das in Menschen angelegte Ohnmachtsgefühl genutzt, die frühe Trennung und Verlassenheit erlebt haben. Das geschah, um Machtausübung in

Form von Gewalt zu ermöglichen. Die Vorstellung, dass Säuglinge so grauenhaft behandelt wurden, rührt auch an die ganz eigene und persönliche Ohnmacht jedes Einzelnen. Denn das Alleingelassensein im Brutkasten lässt im frisch geborenen Säugling eine existentielle Not entstehen. Die Trennung von Mutter und Säugling in den ersten Lebensmomenten ist in den meisten westlichen Kulturen sehr verbreitet. Es ist also davon auszugehen, dass der Großteil der in dem Fall amerikanischen Bevölkerung ein abgespaltenes Ohnmachtsgefühl in sich trägt und dieses wurde in diesem historischen Fall in Schwingung versetzt.

Der alleingelassene Säugling empfindet neben der Ohnmacht auch oftmals eine Art von Hass auf diejenigen, die das zu verantworten haben. Dieser teils mörderische Hass wird demnach früh angelegt und auch abgespalten, da der Säugling ihn nicht zeigen und ausleben kann. Die Aufdeckung dieser effektiven Inszenierung war natürlich auch mit dem oben bereits beschriebenen Widerstand verbunden und ist bis heute den wenigsten Menschen bekannt. Natürlich wäre das brutale Ermorden von Säuglingen auch ohne persönlich angerührten Schmerz eine sehr grausame und unglaublich schreckliche Tat.

Parallelen zur eigenen Geschichte

Ich beobachte oben beschriebene gesellschaftliche Phänomene seit einigen Jahren und erkenne dabei Vorgänge wieder, die ich in mir entdeckt habe, als ich begann, meine eigene Geschichte zu verstehen. Selbige Vorgänge erlebe ich auch bei meiner Arbeit mit Menschen, die beginnen, ihre eigene Lebensgeschichte zu erforschen.

> *„Wenn die Geburt traumatisch war, dann können spätere Trennungen im Spiegel der Urerfahrung erlebt werden, etwa als Verlust, Fall ins Bodenlose, Ausweglosigkeit, Vernichtung, Panik und so weiter. Es ist dann für die Psychotherapie wichtig, diese Zusammenhänge*

aufzugreifen und durchzuarbeiten, wodurch im günstigsten Falle eine Integration der frühen traumatischen Erfahrungen möglich ist und die Handlungs- und Beziehungsfähigkeit erheblich erweitert werden kann." LUDWIG JANUS

Es begann für mich damit, dass ich durch die Ablehnung einer Frau, in die ich verliebt war, tiefe Traurigkeit und Verlassenheitsängste erlebte und ich diesen Gefühlen ganz und gar auf den Grund gehen wollte. Also ließ ich mich von einer in Gefühls- und Körperarbeit ausgebildeten Begleiterin dabei unterstützen und besuchte eine Selbsterfahrungsgruppe.

Gleich in meinem ersten Prozess wurde ich dadurch zum Historiker meiner Geschichte und konnte erleben, dass mein angerührter Schmerz im Getrennt-Sein von meiner Mutter kurz nach meiner Geburt begraben lag. Als Frühchen in der DDR zur Welt gekommen, war es die Norm, im Wärmebett mit anderen „einsamen" Kindern getrennt von der Mutter zu sein. Durch den erlebten Prozess und durch die Möglichkeit, nach dem Ausdruck des Schmerzes eine nährende Erfahrung zu machen, wurde mir ein Stück meiner Geschichte bewusst. Später las ich den Geburtsbericht, konnte so mein Erleben mit den Aufzeichnungen von früher abgleichen und fand mich bestätigt.

Ich hatte als Neugeborenes sieben Tage überwiegend allein in einem separaten Raum, getrennt von meinen Eltern gelegen. Damit hatte ich ein wichtiges Puzzleteil gefunden und begann eine jahrelange Reise in meine eigene Geschichte. Nachdem ich selbst die Ausbildung in der Gefühls- und Körperarbeit absolviert hatte, begleitete ich verschiedene Menschen bei ihrer Selbsterforschung. Durch die Einblicke in ganz unterschiedliche Schicksale und Geschichten konnte ich wiederkehrende Muster erkennen und ermöglichte auch anderen Menschen, Historiker für die eigene Geschichte zu sein. Dabei hat mich immer wieder berührt, wie beeindruckt Menschen sind, wenn sie verdrängte Erfahrungen wiederentdecken, durchleben und dann nährende Erfahrungen machen können.

Dadurch wird ihnen klar, dass es einen starken Zusammenhang zwischen primären Erlebnissen und ihren wiederkehrenden, leidschaffenden Alltagssituationen in Beziehungen gibt. Genau hier sehe ich den Schatz und die Parallele zu meinen Erläuterungen, um den Wert der Geschichte zu verstehen. Diesen Menschen war es möglich, ihre aktuelle Situation und ihre Mitverantwortung für diese zu begreifen, indem sie bereit waren, sich voll und ganz ihrer Geschichte zu nähern.

Kollektiver und individueller Widerstand gegen die Auseinandersetzung mit Geschichte

Nun scheint das, was ich oben bereits mit dem kollektiven Widerstand gegenüber der Erforschung und Anerkennung leiderzeugender, historischer Muster ansprach, auch persönlich zu gelten: Nämlich, dass die Erforschung der persönlichen Geschichte mit Widerstand verbunden ist und nur wenige die Möglichkeit zulassen zu erkennen, dass sie prägende Erfahrungen gemacht haben, die aufgrund ihrer damals überfordernden Intensität dissoziiert wurden und ihnen deshalb nicht zugänglich sind.

Sehr deutlich scheint mir da die Parallele zum Historiker, der die Möglichkeit aufdeckt, dass zum Beispiel auch westliche Demokratien an illegalen und menschenrechtsverletzenden Angriffskriegen beteiligt waren oder sind.

Es zeigt sich, dass diese Erkenntnis auf Grund ihres Potenzials, viele schmerzhafte Gefühle anzurühren, lieber verdrängt wird. Die Tendenz, die Wahrheit zu verdrängen, liegt beiden Beispielen zugrunde und gibt einen Hinweis darauf, wie viel Wahrheit dort verborgen liegen kann.

Im Persönlichen kann dieser Verdrängungsmechanismus so ablaufen, dass wir uns einreden, unsere Kindheit sei doch gut gewesen und alles muss in Ordnung gewesen sein. Weitere Vermeidungsstrategien können so angelegt sein, dass wir gewisse

Gefühlsregungen umgehen, indem wir zum Beispiel intime und verbindliche Partnerschaften vermeiden, vermeintlicher sozialer und partnerschaftlicher Freiheit frönen oder aufkommende Gefühle wie Leere, Ohnmacht oder Einsamkeit mithilfe von Konsum, Drogen, vermeintlicher Zugehörigkeit, beruflichem Übereifer und vielem mehr kompensieren. Im Politischen kann es so ablaufen, dass wir uns einreden, nicht mitverantwortlich für das kollektive Handeln zu sein und uns erst gar nicht in andere Bevölkerungsgruppen einfühlen beziehungsweise ihnen auf einer kollektiven Ebene ein ähnliches Leid antun, wie uns selbst angetan wurde.

Betrachten wir zum Beispiel die lang vertretene Meinung, dass Babys nicht fühlen und es deshalb vertretbar ist, ihnen Schmerzen verschiedenster Art zuzufügen. In einem Artikel in der Welt von 2015 fasst die Autorin Lajos Schöne es wie folgt zusammen:

> *„Bis in die 70er-Jahre glaubte man, Babys könnten keine Schmerzen empfinden. Bis dahin erfolgten viele Eingriffe ohne Narkose – ein furchtbarer Irrtum der Medizin. Heute weiß man es besser. Es ist noch gar nicht lange her, da waren viele Ärzte der Überzeugung, ein Baby könne kaum Schmerzen empfinden, sondern lediglich mit unbewussten Reflexen reagieren. Jahrtausendelang wurden deshalb in den islamischen Ländern und den jüdischen Gemeinden alle Knaben ohne Betäubung beschnitten. Auch älteren Kindern wurde die Betäubung, die Erwachsenen selbstverständlich zustand, lange verwehrt: Mandeln oder Polypen schnitt man ohne Narkose heraus – allein die Vorstellung ist grausam. Noch bis in die 70er-Jahre lautete die gängige Lehrmeinung, kleine Kinder könnten wegen ihrer noch unreifen Nerven gar keine Schmerzen empfinden oder sie würden sich an Schmerzen zumindest nicht erinnern.*
>
> *Ein furchtbarer Irrtum, wie man heute weiß. Denn tatsächlich reagieren schon Ungeborene auf Schmerzreize. Von der 20. bis 22. Woche der Schwangerschaft an kann das Gehirn des Kindes im Mutterleib Reize in den verschiedenen Bereichen des*

Schmerzsystems wahrnehmen und weiterleiten. Die Reaktionen reichen von einfachen Wegziehreflexen über Greif- und Schluckreflexe bis zur Beschleunigung des Herzschlags."

Dazu wird weitergehend der Anästhesist Justus Benrath zitiert:

„Die neurobiologischen Erkenntnisse der letzten Jahre lassen keinen Zweifel daran, dass das nozizeptive System bereits bei Früh- und Neugeborenen nahezu vollständig entwickelt ist."

Auch die Ratschläge einer Johanna Haarer, die in der NS-Zeit das berühmte Buch DIE DEUTSCHE MUTTER UND IHR ERSTES KIND publizierte, das sich bis in die 80er Jahre über 30 Millionen Mal verkaufte, zeigen auf, wie noch vor wenigen Jahrzehnten Familien dazu aufgefordert wurden, ihr Kind zu vernachlässigen und Gefühlen der Einsamkeit, Ohnmacht und Verzweiflung auszusetzen, damit sie folgsam werden. Die Krux dabei ist, dass die Menschen, die ihre eigene Geschichte nicht erforscht haben, keinen Zugang zu den Gefühlen haben, die ein kleines Kind fühlt, wenn es allein gelassen nach Kontakt schreit, bis es schließlich verzweifelt resigniert und aufgibt. Es scheint nur dann möglich, anderen ähnliche Gewalt anzutun, wenn der eigene Schmerz noch abgespalten und damit ungefühlt ist.

Durchbrechen der Gewaltspirale

Willi Maurer – Schweizer Autor und Prozessbegleiter – arbeitet seit über 40 Jahren mit Menschen und unterstützt sie bei der Erforschung ihrer eigenen Geschichte. Bezüglich des Zusammenhangs wiederkehrender Gewalt in der Gesellschaft zieht er folgenden Schluss:

„Die Spirale der Gewalt zeigt, dass wir anderen Menschen das antun, was uns selbst widerfahren ist. Doch ohne Selbsterforschung bleiben wir blind gegenüber der tief in uns verdrängt liegenden Wahrheit."

Die Auswirkungen einer ungesunden Umgebung wurden auch von dem Zellbiologen Dr. Bruce Lipton erforscht. Auf zellulärer Ebene fand er folgende Wechselwirkung zwischen Zelle und Umgebung:

> *„Meine Erkenntnisse, dass unsere tiefen Überzeugungen biologische Prozesse steuern können, beruhen auf meinen Studien mit geklonten Endothelialzellen (Zellen aus der Innenwand der Blutgefäße). Die Endothelialzellen meiner Kulturen beobachten ihre Umwelt genau und verändern ihr Verhalten je nach den ihnen zur Verfügung stehenden Informationen. Wenn ich ihnen Nährstoffe gab, bewegten sie sich auf diese Nährstoffe mit offenen Armen zu. Wenn ich ihre Umgebung vergiftete, zogen sich die Zellen von diesem Reiz zurück und versuchten, sich vor diesen schrecklichen Stoffen zu schützen."*

Jene Menschen, die in professioneller Begleitung diese schmerzhaften Gefühle wieder erleben, wissen um die Bedeutsamkeit und den starken Einfluss dieser Erfahrungen auf ihr Leben. Sie haben aus ihrer Geschichte gelernt und sind dafür sensibilisiert, die eigenen Kinder anders zu behandeln. Genau wie die oben benannten Zellen reagiert der Zellverbund Mensch also von Anfang an auf die ihn umgebende Umwelt. Bei dieser Aussage besteht die Möglichkeit, als Eltern zum Beispiel Schuld zu empfinden und sich angegriffen zu fühlen, da der Gedanke aufkommen könnte, etwas falsch gemacht zu haben. Es geht hierbei aber nicht um das Aufzeigen von Fehlern oder Schuld, sondern um die Erlangung eines Verständnisses bestehender Wechselwirkungen.

> *„Wie wir im Mutterleib Beine, Arme und Hände entwickeln, so bilden wir dort auch bereits unsere basale Affektivität als Antwort auf unsere Umwelt aus."* THOMAS VERNY

Das Menschenkind fühlt von Anfang an, und wenn es mit schmerzhaften Erfahrungen konfrontiert ist, die seine Psyche überfordern, dann spaltet es diese ab. Die Erfahrungen werden verdrängt und sind dem normalen Bewusstsein nicht mehr zugänglich. Diese

Erfahrungen wirken jedoch trotzdem weiter und melden sich bei emotionaler Berührung durch Partnerschaft oder Familie.

> *„Wie die epigenetische Gedächtnisbildung eines frühen Stresserlebnisses im Mäusegehirn aussieht, konnten wir in der Arbeitsgruppe Neuroendokrinologie im Detail aufklären. Werden neugeborene Mäuse von der Mutter für kurze Zeit getrennt, dann können sich diese Tiere ihr Leben lang nur schlecht an Stresssituationen anpassen. Ihr Gedächtnis, ihr Antrieb und ihre Emotion sind gestört. Auch die Stresshormone sind erhöht, weil im Gehirn der traumatisierten Mäuse das Eiweißmolekül Vasopressin (AVP) überproduziert wird.“* [3]

Wahrscheinlich wird ein Teil der Leser diese Zusammenhänge nicht glauben können, was ich durchaus verständlich finde. Ich hätte diese Kausalität vor zehn Jahren auch nicht geglaubt. Nun begleite ich regelmäßig Menschen, die aufgrund prägender Erfahrungen in der Kindheit Verhaltensweisen und Gefühlsmuster entwickelten, die ihr ganzes Leben beeinflussen. Hier präsentiere ich beispielhaft eine kleine Auswahl möglicher Erkenntnisse von Menschen, die mit primären Erfahrungen in Kontakt gekommen sind und diese durch die Gefühls- und Körperarbeit in ihr Leben integrieren konnten.

Primäre Erfahrung und Einstellung zum Leben

- Ich bin nichts wert und habe keine Daseinsberechtigung, da ich schon im Mutterleib spüre, dass ich nicht willkommen bin.
- Ich habe so viel Angst vor dem Verlassenwerden, dass ich mich auf Niemanden tiefer einlasse, da ich nach der Geburt weggelegt und lange allein gelassen wurde.
- Ich traue mich nicht, meine Bedürfnisse und Wünsche zu äußern, und spüre Ohnmacht, da mein Leben nicht so ist, wie ich es mir wünsche, da meine Schreie und Rufe als kleines Kind nicht beantwortet oder sogar mit Ablehnung erwidert wurden.
- Ich weiß gar nicht, was ich will, und spüre mich nicht, da ich so lange allein gelassen wurde als Baby und aufgegeben habe zu fühlen, was mir gut tun könnte.
- Ich lasse Dinge über mich ergehen und halte sie über die Maßen aus, da meine Eltern sowieso schon überfordert waren, und ich ihnen nicht zur Last fallen wollte.

Neue Erfahrung und Einstellung zum Leben

- Ich darf sein und bin gewollt und geliebt. Es lohnt sich, wenn ich mitteile, was ich brauche und will.
- Ich erlaube mir, mich auf Beziehungen einzulassen, da meine Angst vor Verlassenheit mich nicht mehr bestimmt und ich mich zugehörig und geborgen fühle.
- Ich traue mich zu sagen, was ich will und was ich brauche, damit mein Leben aufblühen kann, und ich weiß, dass ich damit auf Verständnis und Mitgefühl stoße und auch damit umgehen kann, wenn nicht.
- Ich nehme mich wahr und was ich mir wünsche und fühle mich mit mir und meinem Körper verbunden.
- Ich spüre meine Grenzen und Bedürfnisse und traue mich, diese zu äußern, auch wenn das anderen vielleicht nicht gefällt.

Quelle: Willi Maurer

Im Anschluss an diese Erkenntnis beginnt durch das Erleben einer nährenden Erfahrung im persönlichen Prozess eine Transformation, die es ermöglicht, ein neues Lebensgefühl und lebensfördernde Lebenseinstellungen zu entwickeln

Mit dem Wissen um die frühkindlichen Erfahrungen zu einer besseren Welt

Ich finde es ist an der Zeit, dass das Wissen um die Auswirkungen frühkindlicher Erfahrungen auf das Individuum – aber auch auf die Gesellschaft – zu einem zentralen Thema im aktuellen Wandlungsprozess wird. Es ist fast nicht mehr zu leugnen, dass Friedfertigkeit, Mitgefühl, innere Fülle, Beziehungsfähigkeit, emotionale und körperliche Gesundheit ihre Basis in unseren ersten Lebensjahren haben. Neben der Analyse der Missstände unserer Zeit birgt die Aufarbeitung der eigenen Lebensgeschichte ein enormes Wachstumspotenzial und vielleicht den nachhaltigsten Schritt zu einer besseren Welt.

Aber nicht nur das: Mit dem angesprochenen Wissen halten wir auch genügend Informationen in der Hand, um präventiv dafür zu sorgen, dass eine Gesellschaft mit weniger abgespaltenem Schmerz entsteht, indem wir es Familien ermöglichen, dass sie ihre zur Welt kommenden Kinder mit Liebe und Geborgenheit empfangen und begleiten können. Dafür benötigen Eltern eine finanzielle Sicherheit, eine adäquate Betreuung während der Schwangerschaft durch Hebammen – den Expertinnen für alles Wissen rund um die Geburt – und Betreuungsmöglichkeiten, die Kindern die Möglichkeit geben, sicher gebunden ins Leben zu gehen.

Dazu ist zu sagen, dass die natürliche Geburtshilfe gerade vor unseren Augen abgeschafft und der Geburtsvorgang in die Krankenhäuser genötigt wird. Das natürliche Phänomen einer Geburt wird in 98 Prozent der Fälle in Deutschland im Krankenhaus erlebt und es gibt bundesweit einen eklatanten Mangel an Hebammen, so dass Geburten nicht adäquat begleitet werden können. Dadurch erleben Familien systematisch keinen optimalen Start ins Leben. Der Verein Mother Hood e.V. fasst es so zusammen:

> *„Diese unzureichende Betreuung während der Geburt gefährdet Mutter und Kind. Komplikationen werden erst spät erkannt. Ein Resultat sind mehr Interventionen und steigende Kaiserschnittraten. (…) Der Berufsverband der Kinder- und Jugendärzte warnt explizit, dass der Hebammenmangel die Gesundheit Neugeborener gefährdet."* [4]

Im Wissen um diesen Notstand und darum, wie einfach und auch finanzierbar hier ein Wandel möglich wäre, empfinde ich manchmal Ohnmacht den Menschen gegenüber, die sich für die effizientere Gestaltung der Geburtshilfe einsetzen und weder übermäßige Medikamentengabe noch eine Kaiserschnittrate von 30 Prozent in Frage stellen. Die wahren Kosten dieser menschenunwürdigen Geburtshilfe bleiben den meisten Menschen verborgen und werden unter der Devise „so ist der Mensch halt" abgetan. Zum Thema Kaiserschnitt gäbe es zu sagen, dass Dr. Alfred Rockenschaub, der 20 Jahre Chefarzt der Geburtshilfe an der Ignaz-Semmelweiß Klinik in Wien war, eine Kaiserschnittrate von 1,05 Prozent erreichte und dass selbst die WHO eine Kaiserschnittrate von unter 15 Prozent empfiehlt.

Und nun traue ich mich nachträglich, Albert Einsteins Eingangsfrage zu beantworten:

> *„Gibt es eine Möglichkeit, die psychische Entwicklung des Menschen so zu leiten, dass sie den Psychosen des Hassens und Vernichtens gegenüber widerstandsfähiger wird?"*

Lieber Albert, wie oben beschrieben wäre es eigentlich ganz leicht und ich bin mir sicher, dein wacher Geist ist fähig, das zu verstehen. Menschen wiederholen das im Leben, was ihnen angetan wird und so wiederholen sie ihre eigene Geschichte individuell, aber auch kollektiv.

Deshalb ist die individuelle Aufarbeitung eigener prägender Erfahrungen so wichtig. Ebenso essenziell ist es, sicher zu stellen, dass die Kinder einer Gesellschaft mit so wenig Ohnmacht, Verlassenheit, Trauer, Gewalt und Schmerz wie möglich in diese hineinwachsen dürfen.

Das ist übrigens keine neue Erkenntnis, denn indigene Kulturen, manche nennen sie Primitive, wussten das schon vor Tausenden von Jahren. Auch hier lohnt sich der Blick in die Geschichte:

> *„Für die traditionellen Nuu-cha-nuth beginnt der Einfluss auf das Leben (Anm. d. Übersetzers: eines Menschen) nicht bei der Geburt, sondern in der Gebärmutter. An diesem warmen und dunklen Ort in der Mutter beginnen die Lehren, die Identität zu formen."*[5]

Es würde mich freuen, wenn wir zusammen daran arbeiten, das oben Beschriebene umzusetzen und damit einen wichtigen Beitrag zu einer friedvollen Welt leisten.

---

1 Briefwechsel zwischen Albert Einstein und Sigmund Freud aus dem Jahre 1932, https://ittybyte.files.wordpress.com/2015/03/einstein-albert-warum-krieg.pdf

2 Wikipedia: Brutkastenlüge, https://de.wikipedia.org/wiki/Brutkastenl%C3%BCge – **https://archive.ph/n7HA1**

3 Dietmar Spengler: Gene lernen aus Stress, https://www.mpg.de/431776/forschungsSchwerpunkt – **https://archive.ph/pLOKq**

4 Zur aktuellen Situation in der Geburtshilfe (aktualisierte Fassung März 2021), https://mother-hood.de/informieren/situation-geburtshilfe/ – **https://archive.ph/ohWRK**

5 E. Richard Alteo – Tsawalk, A Nuu-chah-nulth Worldview, UBC Press

Leseempfehlungen

- Bruce Lipton: Intelligente Zellen – Wie Erfahrungen unsere Gene steuern
- Thomas Verny: Das Seelenleben des Ungeborenen
- Franz Renggli, Thomas Harms: Früheste Erfahrungen – ein Schlüssel zum Leben

🔊 HÖRFASSUNG
https://massel.net/DfUe

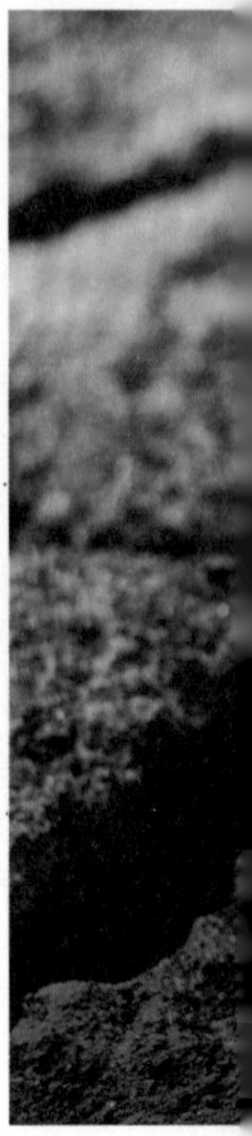

»Gerade jetzt erleben wir alle eine spannende Zeit, in der Sodom und Gomorra aufbricht; und gleichzeitig blühen in Asphaltritzen gelbe Butterblumen und Himmelsschlüsselchen.«

Hanna Scotti

Der fortwährende Übergriff

Seit mehr als einem Jahr leben Millionen von Menschen auf diesem Planeten in einer Art Ausnahmezustand. Vielen von ihnen wurden Freiheiten weggenommen, die sie vorher alltäglich lebten und deshalb vielleicht nicht mehr als wertvoll oder wichtig wahrnahmen. Seit mehr als einem Jahr Coronakrise ist die Faktenlage klar genug, um zu verstehen, dass eine Aufklärung mittels medizinischer Fakten nicht ausreicht. Die Evidenz von Forschungen und Untersuchungen, die die staatlichen Coronainterventionen kritisch hinterfragen, verdichtet sich immer weiter, sodass mittlerweile klar ist, dass fast alle Maßnahmen und insbesondere die nicht-pharmazeutischen Interventionen laut dem Harvard-Professor für Medizin, Biostatistik und Epidemiologie, Martin Kulldorff, die größten Fehler in der Gesundheitspolitik aller Zeiten sind. Jedoch werde ich jetzt nicht einen weiteren Text verfassen, der faktenbasiert darlegt, dass es keine Evidenz für ein neuartiges Killervirus gibt und schon gar nicht für eine epidemische Lage nationaler Tragweite. Auch werde ich nicht erörtern, dass die Corona-Maßnahmen keinen signifikanten Einfluss auf das Infektionsgeschehen hatten und mehr Schaden anrichteten als Nutzen erbrachten. Die Lockdowns gingen zulasten der Armen, Schwachen und Kinder und zugunsten der Laptop-Klasse und Superreichen, die im gemütlichen Homeoffice von Solidarität schrieben.

> *„Wie immer klafft eine enorme Lücke zwischen den Menschen, die elitäre Medien und politische Plattformen nutzen, um Lockdowns zu fordern, und den Menschen und Familien, die tatsächlich die Last dieser Maßnahmen tragen. Darum ist das Werben für Lockdowns für die Eliten so billig und einfach."* Martin Kulldorff

Diesbezüglich ist alles gesagt. Viel spannender scheint doch die Frage, warum manche Menschen die Eingriffe in ihre Grundrechte als so einschneidend wahrnehmen, dass sie vehement nach einer faktischen Begründung verlangen und das Fehlen derselben lautstark kritisieren und manche Menschen eben nicht.

Es könnte daran liegen, dass ein anscheinend eher kleiner Teil der Bevölkerung die Grundrechtseinschränkungen als so übergriffig wahrnimmt, dass er sich dagegen schützen will. Ein scheinbar größerer Teil nimmt die Einschränkungen entweder nicht als Übergriff wahr, da er an die Begründungen der Regierung glaubt und deshalb annimmt, der Lockdown wäre verhältnismäßig. Und ein anderer, meines Empfindens viel größerer Teil weiß um die Unverhältnismäßigkeit der Maßnahmen, empfindet diese aber nicht als übergriffig genug, um sich dagegen in irgendeiner Form zu wehren. Das Maß ist noch nicht voll und das Fass noch nicht am Überlaufen.

Aus einer Untersuchung der Universität Erfurt im Zuge des Covid-19 Snapshot Monitoring (COSMO) geht Folgendes hervor: Nur 32 Prozent der Befragten vertrauen dem Corona-Krisenmanagement der Bundesregierung, während 50 Prozent kein Vertrauen in dieses haben. Nur 54 Prozent der Befragten halten die aktuellen Maßnahmen für angemessen. Es ist also deutlich zu sehen, dass Millionen von Menschen die Maßnahmen als unverhältnismäßig ansehen und kein Vertrauen in das Krisenmanagement der Autoritäten haben. Ich kenne in meinem zugegebenermaßen nicht repräsentativen Umfeld niemanden, egal ob geimpft, Maske tragend oder ungeimpft, der mit wirklicher Überzeugung hinter allen Corona-Maßnahmen steht.

Scheinbar ist ein Großteil der Bevölkerung geduldig oder empfindet die aktuellen Einschränkungen nicht als signifikanten Eingriff in ihr Leben. Die Menschen harren weiter aus und dulden Dinge, die von historischen Ausmaß sind und bei der kleineren Gruppe der Widerständler starke Empörung hervorrufen.

Sind Willkür und Übergriff der gesellschaftliche Modus Operandi?

Ich vertrete die These, dass der Großteil der Menschen sich stetig daran gewöhnt hat, übergriffig behandelt zu werden, und sich mit einem Kontinuum der Machtlosigkeit arrangiert hat. Aus meiner jahrelangen therapeutischen Tätigkeit weiß ich, dass der Anpassungsprozess an übergriffiges Verhalten schleichend und teils unbemerkt abläuft, sodass sogar die aktuellen, historischen Grundrechtseinschränkungen von vielen nicht als starke Grenzüberschreitung wahrgenommen werden. Damit meine ich, dass viele Menschen und Generationen sich Stück für Stück daran gewöhnt haben, in ihrer persönlichen Integrität und Souveränität beschnitten zu werden, oftmals ohne das bewusst wahrzunehmen.

Dieser Prozess beginnt in den meisten Fällen bei einer Geburt voller Interventionen und Grenzverletzungen, setzt sich in der frühen Kindheit fort und endet in einer unwürdigen und entmündigenden Pflege der alten Menschen in unserer Gesellschaft. Im aktuellen Fall erscheint es so, dass die Menschen die Eingriffe als begründet wahrnehmen und deshalb dulden. Spannend ist aber, inwiefern das Verständnis für die angebliche Verhältnismäßigkeit eine selbst erlangte und faktenbasierte Einschätzung ist oder eben nur der Glauben an die Angemessenheit aufgrund der Postulierung der Verhältnismäßigkeit durch vermeintliche Autoritäten. Sind wir es gewohnt, den Autoritäten zu glauben, ohne selber geprüft zu haben, ob getroffene Aussagen stimmen? Dieser Glauben erspart den arbeitsreichen und auch unbequemen Prozess, sich eine unabhängige Meinung zu bilden, die von der scheinbaren Mehrheitsmeinung abweichen könnte und daraufhin zu sozialer Isolation führen könnte. Als soziale Wesen ist das unsere größte Angst, die wir in uns tragen: die Angst vor Ausgrenzung. Damit geht ein lebenswichtiger Wunsch dazuzugehören einher. Aus diesem resultiert ein gewisser Hang zur Konformität.

Grundlage für das Erkennen eines übergriffigen Verhaltens ist die Wahrnehmung eigener Grenzen, Bedürfnisse und Rechte. Dazu zählt auch, zu welchem Preis ein Mensch bereit ist, sein Leben für andere einzuschränken. Nehmen wir an, eine Person empfindet sich als frei und das Leben als kostbares Geschenk, welches eigenverantwortlich zu gestalten ist. Aus diesem Verständnis heraus erscheint ein unbegründeter und unverhältnismäßiger Eingriff in die Selbstbestimmtheit als Übergriff und wird wahrscheinlich mit Abwehr und kritischem Hinterfragen beantwortet werden. Ich unterstelle deshalb, dass viele der engagierten Kritiker der aktuellen Lockdown-Politik ihren Protest aus genau diesem Bewusstsein heraus speisen. Ich zähle mich jedenfalls dazu. Ich empfinde es als selbstverständlich, dass ich entscheide, was ich arbeite, mit wem ich mich wo und wie treffe, wohin ich reise und wie ich mich um meine Gesundheit und die meiner Familie kümmere. Ich empfinde es auch als natürlich und normal, dass ich sagen und denken kann, was ich will und dass mein Gegenüber das Gleiche tut, so lange es im Rahmen unserer rechtlichen Vereinbarungen und auf dem Boden gegenseitigen Respekts geschieht.

So eine offene Kommunikation kann zu Konflikten führen, jedoch erachte ich das Aushalten von Konflikten als das kleinere Übel gegenüber der Angewohnheit, nicht mehr die Wahrheit zu sagen oder die Wahrheit meiner Mitmenschen nicht mehr mitgeteilt zu bekommen.

In meiner Arbeit mit Menschen und deren Lebensgeschichte habe ich es sehr oft mit Missbrauch, Gewalt, Vernachlässigung und Grenzüberschreitung zu tun. Ich erlebe immer wieder das gleiche Phänomen: Menschen entscheiden sich dafür, Dinge für andere zu tun oder mit sich machen zu lassen, die sie eigentlich nicht wollen. Sie landen wiederholt in der gleichen Situation, ohne bewusst zu verstehen, dass sie diese Situation immer wieder selber erschaffen. Sie tun das, indem sie etwas Unstimmiges erdulden oder Entscheidungen treffen, ohne zu merken, dass diese in erheblichem Maße auf Kosten der eigenen Gesundheit und psychischen Stabilität gehen. Dazu zählt auch, keine Entscheidung zu treffen, sondern passiv zu bleiben oder andere entscheiden zu lassen.

Immer haben diese Verhaltensweisen ihren Ursprung in den frühesten Erfahrungen des Lebens, in einer Zeit also, in der der Mensch voll und ganz abhängig von der Zuwendung, Liebe und Fürsorge der Eltern ist. Werden in dieser Zeit wiederholt verbale, emotionale oder körperliche Übergriffe erlebt, entwickelt das Kind Strategien, um damit umzugehen. Bei diesen Grenzüberschreitungen handelt es sich nicht nur um offensichtliche, physische Gewalt. Emotionale Manipulation, starke Erwartungen an das Kind, Bestrafung durch Liebesentzug oder absichtliches Ignorieren kindlicher Bedürfnisse und vieles mehr sind mögliche, meist unbewusste Varianten von negativ prägenden, elterlichen Verhaltensweisen.

Laut einer aktuellen, repräsentativen Studie der Klinik für Kinder- und Jugendpsychiatrie/Psychotherapie Ulm, UNICEF Deutschland und dem Deutschen Kinderschutzbund ist „jeder zweite Deutsche noch immer der Auffassung, dass ein Klaps auf den Hintern noch keinem Kind geschadet habe. Jeder Sechste hält es sogar für angebracht, ein Kind zu ohrfeigen“. [1]

Menschen, die Gewalt verschiedener Art in der Kindheit erleben, werden in ihrem eigenen Erziehungsstil geprägt. So kommt dieselbe Studie zu folgender bedeutender Aussage:

„Bezüglich der Einstellung gegenüber Prügel in der Erziehung im Zusammenhang mit dem erinnerten Erziehungsverhalten der Eltern konnten dieselben Ergebnisse gezeigt werden, wie auch bei den anderen zwei Körperstrafen. Wieder ist das Erleben von Ablehnung und Strafe im erinnerten Erziehungsverhalten durch den Vater assoziiert mit einer starken Befürwortung von Prügel in der Erziehung. Auch Ablehnung und Strafe im erinnerten Erziehungsverhalten durch die Mutter ist assoziiert mit einer starken Befürwortung von Prügel in der Erziehung. Befragte, die sich an emotionale Wärme durch den Vater und emotionale Wärme durch die Mutter erinnern, lehnen Prügel in der Erziehung signifikant häufiger ab.“

Aus einer Studienarbeit von Klaus A. Schneewind zum gleichen Thema geht hervor, dass …

„… zahlreiche Kinder und Jugendliche bereits im Kindesalter Erfahrungen mit körperlicher Erziehungsgewalt machen. So gaben knapp 75 Prozent aller Befragten an, ‹selten› oder ‹häufiger als selten› körperlicher Erziehungsgewalt ihrer Eltern ausgesetzt gewesen zu sein. 10,6 Prozent berichteten, von ihren Eltern körperlich misshandelt worden zu sein und 44 Prozent von ihnen ‹häufiger als selten›.“

Eine internationale UNICEF-Untersuchung kommt sogar zu folgendem Ergebnis:

„Das Ausmaß von Gewalt ist erschreckend: Nach Schätzungen von UNICEF erleiden weltweit drei von vier Kindern zwischen zwei und vier Jahren Gewalt durch Eltern und Erziehende.“

Anhand dieser Beispiele lässt sich erahnen, dass ein Großteil der Bevölkerung in der modernen Welt in der Kindheit Übergriffigkeit erlebt hat. Dabei befindet sich das Kind in einer sehr prekären Zwickmühle, weil es die Zugehörigkeit zu seinen Eltern zum Leben braucht und nur begrenzt in der Lage ist, Übergriffe aktiv abzuwehren. Deshalb bleibt nur die Möglichkeit, die Dinge über sich ergehen zu lassen und sich vom Geschehen emotional abzuspalten. Dieser Prozess der inneren Spaltung wird Dissoziation genannt und umschreibt den Vorgang, bei dem eine Trennung zwischen äußerem, sinnlichem Erleben und der emotionalen Verarbeitung aufgrund starker Überforderung stattfindet. Ebenfalls entstehen so Ohnmacht und Hilflosigkeit, die als Lebenshaltungen abgespeichert werden können. Das sind ideale Voraussetzungen, um auch als Erwachsener starke Eingriffe in die eigene Souveränität nicht wahrzunehmen oder sie zu erdulden.

Jedes Verhalten hat einen Vorteil

Es wäre einfach zu glauben, dass es leicht ist, ein früh erworbenes und aktuell nicht mehr dienliches Verhalten zu erkennen und dann zu ändern. Jedes erlernte Verhalten hatte oder hat einen Vorteil für den Handelnden. Dieser „Vorteil" ist vielen jedoch nicht bewusst. Meistens liegt er getarnt unter der Frage: „Womit müsstest du dich konfrontieren, wenn du für dich und deine Grenzen einstehst?" Dieser Vorteil liegt meist darin, dass das Wahren der eigenen Grenzen mit einem Konflikt oder möglichen Verlust einhergehen könnte, welcher scheinbar schwerer zu verkraften ist als die Grenzüberschreitung.

Auch hier findet eine Fortführung der eigenen Geschichte statt. Das Aufbegehren gegen die eigenen Eltern bedeutete die Gefahr, elementar wichtige Zugehörigkeit zu verlieren. Somit war es sinnvoll, dieses Grundbedürfnis als kleines Kind nicht aufs Spiel zu setzen. Nach jahrzehntelanger Wiederholung hat sich diese Verhaltensweise verfestigt und wird auch im Erwachsenenalter angewandt, obwohl die ursprüngliche Angst, die Zugehörigkeit zu den Eltern zu verlieren, nicht mehr in gleichem Maße relevant ist. Oft sind diese Verhaltensweisen ein so integraler Bestandteil der eigenen Persönlichkeit, dass sie erstens nicht wahrgenommen werden und zweitens eine Änderung, Kraft, Bewusstheit, Mut und Zeit kosten würde und deshalb verdrängt und vermieden wird.

Wir wissen genug, um zu verstehen.
Aber können wir anders handeln?

Die aktuellen Geschehnisse, in denen wieder und wieder starke Eingriffe (Verordnungen) in das persönliche Leben der Bürger durch Autoritäten beschlossen werden, ohne dass es dafür einen Grund gibt, zeigen eigentlich nur auf, wie es um unsere Gesellschaft bestellt ist. Es ist ein Test. Es ist das Milgram- und Asch-Konformitätsexperiment 2.0. Die jahrhundertealte Geschichte sich wiederholender Gewalt- und Machtexzesse begegnet uns im Kleide der Pandemiebekämpfung mit der Frage, ob wir die Geschichte nun verstanden haben und ob wir bereit sind, uns endlich anders zu verhalten? Das Experiment des Psychologen Stanley Milgram hat gezeigt, dass Menschen anderen Menschen Schaden zufügen, wenn eine Autorität, zum Beispiel ein Arzt, sie zu diesem Verhalten auffordert:

> *„Sechzig Prozent aller Versuchspersonen waren in einem vermeintlichen Lernexperiment bereit, einen vermeintlich ungelehrigen Schüler für falsche Antworten zu bestrafen und ihn dabei mit Stromstößen zu Tode zu foltern. Etwa neunzig Prozent verabreichten ihm Stromstöße in lebensbedrohlicher Dosis."*

Eine wichtige, positive Erkenntnis des Experiments ist jedoch, dass alle Menschen auf diese Situation mit messbarem Stress reagiert haben, da sie diese Aufforderung in einen inneren Konflikt brachte. Rutger Bregman beschreibt in einem Kapitel seines Buches IM GRUNDE GUT die Verhaltensweisen der Personen, die das Experiment abbrachen. Alle, die sich erfolgreich der Anweisung widersetzt haben, setzten ausnahmslos auf diese Taktiken: Kommunikation und Konfrontation, Mitgefühl und Widerstand.

Dazu gehörte, mit dem Opfer zu sprechen, ferner den Mann im grauen Kittel, also den Versuchsleiter, auf seine Verantwortlichkeit anzusprechen und auch mehrere Weigerungen, den Vorgang weiterzuführen.

Der Psychologe Matthew Hollander analysierte die Sitzungen des Protokolls und kam zu dem Schluss, dass eigentlich alle Teilnehmer das Experiment beenden wollten: „Was Milgrams Helden unterscheidet, ist eine größtenteils erlernbare Kompetenz im Widerstand gegen zweifelhafte Autorität."

Das Experiment hat aber auch gezeigt, welche persönlichen Eigenschaften notwendig sind, um gesunden Gehorsam zu leisten und der inneren Stimme mehr zu vertrauen, als den Anweisungen der Ärzte:

> *„In anschließenden Befragungen stellte Milgram fest, dass viele Ungehorsame den Widerstand gegen die Autorität aus einer starken persönlichen Überzeugung oder Weltsicht zogen. Bei den meisten war es ein religiöser Zusammenhang, der ihnen Wegweiser für moralisches Handeln war.*
>
> *Anders herum gedacht beweist das Milgram-Experiment: Je einsamer das Individuum, je geringer die Einbindung in größere soziale Strukturen, umso größer ist die Gefahr der Gehorsamsbereitschaft. Ein anderer entscheidender Faktor, der zum Ungehorsam führte, war die Haltung zur persönlichen Verantwortung für das eigene Handeln."* [2]

Das Konformitätsexperiment von Sozialpsychologen Solomon Asch hat gezeigt, dass der persönliche Wunsch nach Zugehörigkeit so stark ist, dass Menschen ihre eigene Wahrnehmung verleugnen und lieber die Wahrheit der Gruppe annehmen. 75 Prozent der Probanden beantworten eine Frage absichtlich falsch, wenn alle anderen die Frage auch falsch beantwortet haben.

> *„Als sie nach dem Experiment befragt wurden, sagten die meisten von ihnen, dass sie nicht wirklich an ihre konformen Antworten glaubten, sondern sich der Gruppe anschlossen, aus Angst, sich lächerlich zu machen oder für ‚seltsam' gehalten zu werden."* [3]

Das Experiment hat auch gezeigt, dass, sobald eine Person in der Gruppe die offensichtlich richtige Antwort gab, der Proband mit größerer Wahrscheinlichkeit auch die richtige Antwort gab.

> *„Asch fand heraus, dass die Anwesenheit eines ‚wahren Partners' (eines ‚echten' Teilnehmers oder eines anderen Schauspielers, der die richtige Antwort auf jede Frage geben sollte) die Konformität verringerte. In Studien, in denen ein Schauspieler die richtigen Antworten auf die Fragen gab, antworteten nur 5 Prozent der Teilnehmer weiterhin mit der Mehrheit."*

Jede Person, die sich traut, die eigene Wahrheit auszudrücken, kann es anderen Menschen leichter machen, das eigene Erleben auch zum Ausdruck zu bringen, obwohl es nicht der Mehrheitsmeinung entspricht.

Die persönliche und gesellschaftliche Demokratisierung

Wir stehen vor der Frage, ob wir wirklich etwas aus der Geschichte gelernt oder lediglich Wissen über die Geschichte abgespeichert haben, ohne es verinnerlicht und für uns integriert zu haben. Hier genau liegt der springende Punkt der Debatte. Wir „wissen" zwar kognitiv um die gesellschaftlichen Geschehnisse in der Vergangenheit, die zu Totalitarismus, Ausgrenzung, Gewalt und falschem Gehorsam geführt haben, jedoch kennen wir unsere eigene, persönliche Geschichte nicht. Die meisten Menschen hatten nie Anlass oder Zeit, den eigenen totalitären, gehorsamen oder auch gewaltbereiten Tendenzen, die sie infolge früher Traumatisierungen in sich tragen, auf den Grund zu gehen und würden sich deshalb sehr wahrscheinlich genauso verhalten wie die Probanden in den oben erwähnten Experimenten.

Vielleicht kann diese Krise uns dazu motivieren zu erkennen, dass sich trotz aller historischen Beispiele und vermeintlicher Aufklärung die Geschichte vor unseren Augen wiederholt. Und damit eröffnet sich die Möglichkeit zu erkennen, dass ein wahrer Wandel dann möglich wird, wenn wir es wagen, Forscher unserer eigenen Geschichte zu werden. Hoffentlich kann uns die Zeit des Einsperrens (Lockdown) zu dem führen, was wir in uns weggesperrt (lockedup) haben.

Wenn wir uns dem zuwenden und in guter Begleitung die eigene Geschichte integrieren und annehmen, können wir verhindern, uns Generation für Generation übergriffig behandeln zu lassen, in dem wir bereit sind, uns lautstark und selbstbewusst zu wehren, um für uns einzustehen. Ebenfalls wird es uns dann möglich sein, Übergriffe gegenüber anderen schneller zu erkennen und den nötigen Mut zu haben, uns für andere einzusetzen. Dafür brauchen wir eine kritische Masse in der Bevölkerung, die bereit ist, sich dem Prozess der eigenen, inneren Demokratisierung zu widmen.

Andererseits benötigen wir dringend ein gesellschaftliches Klima, welches das Aussprechen der eigenen subjektiven Wahrheit fördert. Wenn wir die Stimme der Minderheiten als wichtigen Impuls für gesellschaftliche Entwicklungen inkludieren und schätzen, erlauben wir es Menschen, ihrer Wahrheit treu zu bleiben, anstatt diese aufgrund von Konformitätsdruck zu verschweigen. Diese Erkenntnis ist übrigens keine neue Wahrheit. Das Wissen um die Wichtigkeit eines inkludierenden demokratischen Prozesses ist Teil vieler indigener Kulturen. Hier beschreibt Dr. Jeannette Armstrong das Konzept „Enowkinwixw", welches einen nach Inklusion strebenden Prozess beinhaltet:

> *„Anstatt Minderheiten auszuschließen, versuchen wir es, der Minderheit zu ermöglichen, ihr Anliegen zu artikulieren, da Minderheiten oftmals etwas sehr anderes als alle anderen sagen. Sie erleben etwas, das von dem abweicht, was andere in der Gemeinschaft gerade erleben. Immer, wenn es ein Problem gibt, ist die Stimme der Minderheiten die wichtigste und das Verständnis für diese Stimme notwendig, um den Konflikt oder das Problem zu*

lösen. Wenn diese Stimme keinen Weg findet, ihr Anliegen zu artikulieren, und damit nicht gehört wird, ist die ganze Gemeinschaft in Schwierigkeiten. Die Stimme der Minderheit ist deshalb ein wichtiger Faktor zur Bestimmung dafür, wie unsere Gemeinschaft kommuniziert und zuhört. Zuhören ist dabei der wichtigste Teil und damit einhergehend, Wege zu finden, die die Ideen der Minderheiten einbeziehen." [4]

Wie Asch und Milgram gezeigt haben, war es die Kommunikation mit anderen und das Aussprechen der eigenen Wahrheit, die „guten Ungehorsam" gefördert haben. Mit einem gestärkten Selbstbewusstsein und einem Gespür für das persönlich Richtige in einem wertschätzenden und offenen Umfeld haben wir beste Chancen, uns sinn- und friedensstiftend in die große Gemeinschaft einzubringen.

Ganz aktuell ist es von großer Bedeutung, welche Wahl wir in Bezug auf die gesellschaftlichen Entwicklungen treffen. Beobachten wir das Geschehen und schweigen, obwohl wir Kritik daran haben? Lenken wir uns ab und schauen weg, da uns das Geschehen überfordert? Sind wir geduldig in der Hoffnung, dass alles bald vorbei ist? Oder stehen wir auf und benennen wir lautstark die offensichtlichen Übergriffe auf uns und unsere Mitmenschen, darunter Kinder und Alte! Denn:

„Es gibt keine Möglichkeit, bei diesem Referendum einfach nur am Rande zu stehen. Schweigen ist eine Wahl. Diejenigen, die sich für das Schweigen entscheiden, signalisieren damit, dass ihnen ihre Freiheit weniger wert ist als die Unannehmlichkeiten, die entstehen, wenn sie ihre Meinung sagen und die Konsequenzen tragen müssen. Sie legitimieren damit die Einschüchterungsversuche des Regimes, indem sie zeigen, dass sie funktionieren.

Dennoch werden sich viele aus Angst vor Konsequenzen für die vermeintliche Sicherheit des Abseits entscheiden. Diese Angst ist berechtigt und verständlich. Die Strafen sind in diesem Spiel sehr real. Aber entweder lässt man sich von dem Ansturm mitreißen oder man bleibt hartnäckig. Das sind die beiden Möglichkeiten: Freiheit auf der einen Seite. Knechtschaft auf der anderen.“

JULIUS RUECHEL.

---

1 https://www.unicef.de/informieren/materialien/studie-koerperstrafen-deutschland/239470 – **https://archive.ph/VHr9t**

2 https://www.rubikon.news/artikel/nur-mut – **https://archive.ph/pzrzi**

3 https://www.simplypsychology.org/asch-conformity.html – **https://archive.ph/hlJTn**

4 http://www.indigenoussharing.org/docs/The-Four-Chiefs-Enowkinwixw-Discourse.pdf

Leseempfehlungen

→ Wolfgang Wodarg: Falsche Pandemien

→ Hans-Joachim Maaz: Angstgesellschaft

→ Franz Ruppert: Wer bin ich in einer traumatisierten Gesellschaft

🔊 **HÖRFASSUNG**
https://massel.net/59tT

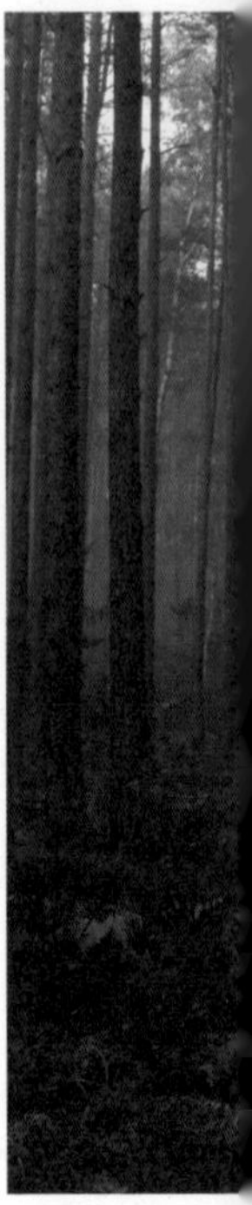

»Insofern ist für den Machterhalt jeder Normopathie die Herrschaft über die Kinderstube grundlegende Bedingung, um immer genügend abhängige, unsichere, bedrohte Menschen zu reproduzieren.«

Hans-Joachim Maaz

Immunität gegen totalitäre Tendenzen

Nach Macht strebende Akteure können ihr Werk nur verrichten, solange die ohnmächtige Gesellschaft ein fruchtbares Milieu bildet.

Oft hört man in Kreisen der Maßnahmenkritiker das berühmte Zitat des französischen Pharmazeuten Claude Bernard: „Der Erreger ist nichts, das Milieu ist alles.“ Es steht im klaren Gegensatz zum Ansatz von Robert Koch, der Mikroben zu Monstern stilisierte, die mit allen Mitteln bekämpft werden müssten. Der Autor kritisiert seit fast zwei Jahren, dass unser Immunsystem im Zusammenhang mit Corona in der öffentlichen Diskussion offensichtlich keine Rolle spielt. Der Fokus liegt fast ausschließlich auf dem Erreger und nicht auf dem Milieu. Wir seien diesem hilflos ausgeliefert und könnten aus uns selbst heraus nichts gegen diese Bedrohung tun, so das gängige Narrativ. Ich versuche in diesem Kapitel, den Blick auf das gesamte Corona-Geschehen zu erweitern. Auch hier sollten wir nicht nur gebannt auf die Gefahr von außen starren, sondern unseren Blick dem Milieu zuwenden. Nehmen wir also an, die nach Macht strebenden und teilweise ahnungslosen Akteure, die für die verheerende Politik der letzten zwei Jahre verantwortlich sind, seien der Erreger und die Gesellschaft das Milieu. [1]

Wie kann es überhaupt so weit kommen?

Wie ist es möglich, dass sich eine große Mehrheit der Bevölkerung dem Narrativ von Regierenden angeschlossen hat und damit zwei Jahre Grundrechtseinschränkungen und katastrophale Gesundheitspolitik möglich waren? Welche Voraussetzungen mussten gegeben sein, damit sich die Gesellschaft während der Coronakrise so tiefgreifend verändern konnte? Um wirklich aus dieser Krise zu lernen, bedarf es einer Gesellschaft beziehungsweise eines Milieus, welches eine robuste und anhaltende Immunantwort auf Massenbewegungen (mass formation) und machtzentrierende Erreger hat. Diese Gesellschaft muss in der Lage sein, Varianten solcher Bestrebungen zu erkennen, um eine schnelle, friedliche und starke Immunantwort darauf leisten zu können.

Für den Soziologen Niklas Luhmann nehmen Proteste und soziale Bewegungen die Rolle des „Immunsystems der Gesellschaft" ein. Begeben wir uns auf eine Spurensuche in das gesellschaftliche Milieu mit der Frage nach den Ursachen für eine größtenteils fehlende Immunantwort auf den Versuch einiger weniger Erreger, die freiheitlich-demokratische Grundordnung in Quarantäne zu versetzen. Der vermeintliche Pionier der Erreger-Medizin Louis Pasteur „soll auf dem Sterbebett zugestanden haben, dass die Mikrobe nichts, das Milieu alles sei. Was so viel bedeutet, dass über die Regulierung des Milieus Krankheiten durch Bakterien und Viren verhindert werden können, ohne einen Krieg führen zu müssen." [2]

Die vier Bedingungen für eine Massenbewegung nach Mattias Desmet

Der Professor für Psychologie der Universität Gent, Mattias Desmet, benennt in zahlreichen Interviews vier Bedingungen, die gegeben sein müssen, um eine Massenbewegung herbeizuführen.[3] Desmet besitzt einen Masterabschluss in Statistik und bemerkte im Mai 2020, dass die Maßnahmen der Regierungen nicht durch die tatsächliche Gefahr des Coronavirus zu erklären seien. Er beobachtete jedoch, dass ein weltweiter Gleichschritt entstand, obwohl die Bedrohung, die vom Virus ausging, nicht außerordentlich schwerwiegend war.

Bald wechselte er die professionelle Perspektive vom Statistiker zum Psychologen, da er verstand, dass es bei Corona nicht mehr um einen medizinischen Sachverhalt ging, sondern um ein massenpsychologisches Phänomen. Er beschreibt vier Faktoren, die in einem ausreichenden Maß vorhanden sein müssen, damit ein solches Phänomen entsteht:

❶ Ein Großteil der Menschen muss sich einsam und isoliert fühlen

> *„Stellen Sie sich vor, es gäbe eine Krankheit, die hierzulande immer häufiger auftritt und chronische Schmerzen verursacht – eine ansteckende, von der medizinischen Wissenschaft noch kaum erforschte Krankheit, die sich schneller ausbreitet, als die Immunität gegen sie aufgebaut werden kann, und die als eine der häufigsten Todesursachen in der zivilisierten westlichen Welt eingestuft wird. Diese Krankheit wäre mithin ein bedeutender Risikofaktor für andere, häufige und tödliche Krankheiten. Zugleich wäre sie tückisch, denn viele Betroffene wüssten gar nicht, dass sie an ihr leiden. Diese Krankheit gibt es tatsächlich. Ihr Name: Einsamkeit."*
>
> Manfred Spitzer

Urbanisierung, (a)soziale Netzwerke und die wachsende Individualisierung haben Einsamkeit zu einer unentdeckten Pandemie werden lassen. Gerade im Hinblick auf die Evolution des Homo sapiens muss diese Entwicklung als eine der krankmachendsten Tendenzen der modernen Gesellschaft erkannt werden. Die sogenannte Einsamkeitsquote der 45- bis 84-jährigen Deutschen stieg laut Bundesregierung in sechs Jahren um 15 Prozent.

Wir sind und bleiben soziale Wesen, deren Wohlbefinden direkt davon abhängt, mit anderen Menschen verbunden zu sein und gemeinschaftlich zu leben. Um Massenbewegungen entgegenzuwirken, wird es notwendig sein, für diese Verbundenheit und Eingebundenheit zu sorgen. Menschen brauchen das Gefühl echter Gemeinschaft und eine starke Anbindung an die Natur.

❷ Ihr Leben muss ihnen sinnlos und bedeutungslos erscheinen

Eine im Jahr 2012 veröffentlichte Studie, die in 142 Ländern das Engagement von Arbeitnehmern evaluierte, kam zu dem Ergebnis, dass weltweit nur 13 Prozent der Arbeitnehmer bei der Arbeit engagiert sind.[4] 87 Prozent der Arbeitnehmer sind dies der Studie zufolge nicht oder sind sogar total unmotiviert. Aus meiner persönlichen Erfahrung kann ich sagen, dass ich nur sehr wenige Menschen kenne, die mit der Tätigkeit, mit der sie ihren Lebensunterhalt verdienen, voll und ganz zufrieden sind. Meist wirken sie in ihrer beruflichen Beschäftigung entweder krankhaft getrieben oder leicht resigniert. Somit erleben sie fast täglich eine Leere oder Sinnlosigkeit, die ein Gefühl der Gleichgültigkeit zurücklässt.

❸ Die Massen müssen ständige und diffuse Angst empfinden

Aus eigener Erfahrung habe ich gelernt, dass ich viele Jahre kaum bemerkte, wie viel Angst mein Leben durchzog. Ich hatte mir über Jahrzehnte Strategien angeeignet, die meine stärksten Ängste verdeckten, um sie nicht wahrnehmen zu müssen. Angst davor, die Zugehörigkeit zu einer Gruppe zu verlieren. Angst davor, nicht genug Aufmerksamkeit, Anerkennung, Essen, Geld, Liebe zu bekommen. Angst, von anderen bewertet zu werden. Angst, alleine zu sein. Durch meine Selbsterfahrung und begleitende Arbeit habe ich Einblicke in sehr viele Lebensgeschichten bekommen und fast immer sind dort tiefgehende Ängste verborgen, die das Leben der jeweiligen Person stark prägen. Meist sind diese getarnt als Konsumverhalten, Sucht oder Beziehungsunfähigkeit. Auf Grundlage einer Datenerhebung aus dem Jahr 2011 wurde ermittelt, dass rund 25 Prozent der deutschen Bevölkerung Angststörungen haben und eine Untersuchung des Angstindex in Deutschland zeigt, dass im Jahr 2021 circa 36 Prozent aller Deutschen über Ängste berichten.

Bedeutsam beim Thema Angst ist, dass die Menschen meist nicht wissen, dass sie Angst haben und dass sich diese Angst nicht auf etwas Konkretes richtet. Sie ist präsent, aber unsichtbar. So entsteht ein Angstpotenzial, welches auf ein mögliches Objekt fokussiert werden kann. Ein breites Vorhandensein von Angst bereitet den Boden, um Menschen äußere „Feindbilder" anbieten zu können. Die Verknüpfung von diffuser Angst und einem potenziellen Feind aktiviert das Angstpotenzial und vermittelt den Menschen die Illusion von Kontrolle. Wenn das diffuse Angstpotenzial auf ein Virus projiziert werden kann, dann wird die Ausrottung des Virus zur Scheinerlösung von den eigenen, verborgenen Ängsten.

So ließe sich erklären, warum so viele Menschen mit starkem Engagement an der Idee festhalten, einen saisonalen Atemwegserreger ausrotten zu können. Was für eine verführerische Vorstellung, die Angst endlich loszuwerden und sich entspannen zu können. Die tieferliegenden Ängste, die mit dem eigenen Leben zu tun haben, wären nach der Ausrottung allerdings noch vorhanden und würden auf das nächste Objekt warten, um in das Außen projiziert werden zu können. Ein Teufelskreis. Auf diese Art und Weise ist es jedoch auch möglich, bewusst Feinbilder zu erschaffen, um Massenbewegungen zu steuern. Professor Rainer Mausfeld formuliert diesen Aspekt in seinem Buch Angst und Macht folgendermaßen:

> *„Angsterzeugung ist ein Herrschaftsinstrument, und Techniken zum Erzeugen von gesellschaftlicher Angst gehören zum Handwerkszeug der Macht. Diese Einsicht ist so alt wie die Zivilisationsgeschichte."*

❹ Die Massen müssen diffuse Frustration und Aggression erleben

Auf Grundlage der erlebten Sinnlosigkeit, Angst und Einsamkeit entwickeln sich Frustration und Aggression. Diese Mixtur aus Gefühlen wartet förmlich darauf, ausgelebt zu werden, um den inneren Druck mildern zu können. Wie schon bei der Angst ist ein Objekt, auf welches die Aggression gerichtet werden kann, eine willkommene Erlösung. Die Migranten oder die Ungeimpften oder ein anderer konstruierter Sündenbock werden dann dafür verantwortlich gemacht, dass Menschen tief im Inneren von ihrem eigenen Leben frustriert sind.

Der Sündenbock hingegen bekommt nun den aufgestauten Druck vieler Jahrzehnte zu spüren und wird somit zum gesellschaftlichen Ventil oder Sandsack. Auch hier handelt es sich um eine willkommene Möglichkeit, nicht erkennen zu müssen, was der ursprüngliche Grund für die eigene aufgestaute Aggression ist.

Die von Matthias Desmet aufgeführten vier Säulen sind plausibel und erscheinen mit Blick auf die letzten zwei Jahre voller Distanz, Angst und Isolation als Motor für die anhaltende Massenbewegung. Die Corona-Maßnahmen haben die bereits vorhandenen emotionalen Zustände der Gesellschaft verschlimmert und damit die Massenbewegung gefördert.

Umerziehung zu nachhaltigem Gehorsam

Es stellt sich die Frage, wie der aktuell sichtbare, hohe Grad an Konformität und Gehorsam in unserer Gesellschaft zustande kommt. Es ist verständlich, sich über den Gleichschritt der Ärzte, Juristen und Pädagogen aufzuregen, gleichzeitig ist es von Bedeutung, der Frage nachzugehen, woher dieser stammt.

Wo lernen wir, uns der Gruppe anzupassen, unsere Meinung nicht zu äußern und einfach das zu tun, was eine Autorität oder die Mehrheit sagt beziehungsweise verlangt? Ist es vielleicht Teil staatlicher Bildung, dass wir Mut, Ungehorsam und eigenständiges

Denken und Handeln verlernen? Ich vertrete die These, dass diese Umerziehung in der massenhaften und verpflichtenden Beschulung aller Kinder ihren Höhepunkt findet.

Anders als in vielen anderen Ländern gibt es in Deutschland nicht nur eine Verpflichtung, gewisse schulische Inhalte zu lernen, sondern explizit die Pflicht, die Schule zu besuchen. Begründet wird diese wie folgt:

> *„Die allgemeine Schulpflicht dient in Deutschland der Durchsetzung des staatlichen Erziehungsauftrags. Dieser Auftrag richtet sich offiziell auch auf die Heranbildung der Schüler als zukünftige Staatsbürger."*
> Wikipedia

Die ideologischen „Eltern" der Schule sind die Kirche und das Militär.[5] Beide fordern von ihren Mitgliedern Gehorsam, Autoritätsglauben und Konformität. Beide Institutionen zeichnen sich durch eine lange Geschichte des Krieges und der Unterdrückung aus. Der Apfel fällt nicht weit vom Stamm. Schule ist auch heute noch eine Institution, die die Kreativität von Kindern erstickt, sie teilweise ihrer Lebendigkeit beraubt und zu braven Staatsbürgern heranzieht. Nicht alle Schulen und auch bei weitem nicht alle Lehrer tun dies absichtlich. Ich glaube, dass jeder Lehrer und jede Lehrerin eigentlich etwas Gutes beabsichtigt. Aber das System Schule verunmöglicht größtenteils, dass Kinder ihren Bedürfnissen entsprechend behandelt werden.

Der zweimalige „Lehrer des Jahres" des Bundesstaates New York, John Taylor Gatto, beschreibt Schule als einen Ort, in dem Kinder verwirrt und gleichgültig gemacht werden und ihnen beigebracht wird, ihre Klassenzugehörigkeit zu akzeptieren und nicht zu hinterfragen. In der Schule machen Kinder über viele Jahre die Erfahrung, dass sie wenig mitbestimmen können, ihre Anwesenheit zwar wichtig ist, ihre gedankliche Präsenz jedoch unerheblich. Sie erleben, dass eine Autorität bestimmt, was sie wann und wie lernen und sie somit wenig eigene Verantwortung tragen.

Daraus ergibt sich ein Gefühl der Gleichgültigkeit und des Desinteresses. Wie wahrscheinlich ist es, dass diese Kinder nach etlichen Jahren Konditionierung noch eigenständig, mutig und selbstbewusst agieren können? Wo haben sie in all der Zeit gelernt, Unrecht zu erkennen, auch wenn dieses von einer Autorität ausgeht? Haben sie gelernt, sich für Recht einzusetzen, auch wenn sie in der Minderheit sind? Trauen sie sich, ihre Stimme zu erheben und ihre Wahrheit zu sagen, unabhängig davon, wie andere darauf reagieren?

Ich würde diese Fragen mehrheitlich eher mit „nein" beantworten. Und genau darin sehe ich einen der wichtigsten Gründe für die aktuell schwache Immunantwort auf den fortschreitenden Übergriff durch Regierende.

Trainieren wir unser Immunsystem!

Die Bedingungen für eine Massenbewegung nach Professor Mattias Desmet geben einen Hinweis darauf, worauf es in Zukunft ankommt. Es braucht ein Zusammenleben in Vertrauen und Verbundenheit mit Menschen, die sinnvollen Tätigkeiten nachgehen und sich um ihr Innenleben kümmern können. So wird ermöglicht, dass sie möglichst wenig diffuse Ängste und Aggression in sich tragen.

Erfüllte Menschen, die in einem Netz von nährenden Beziehungen leben, erleben außerdem kaum Mangel und sind nicht auf kompensatorische Angebote anstelle von Zugehörigkeit oder Sinn angewiesen. Um der Massenbewegung und Manipulation etwas nachhaltig entgegenzusetzen, brauchen wir einen gesellschaftlichen Dialog, wie wir ein verbundenes und sinnvolles Leben führen können.

Eingebettet in dieses verbundene Leben werden Kinder in ihrem persönlichen Lernweg begleitet und dürfen ihr Potenzial voll und ganz entfalten. Ihnen stehen verschiedene Lernorte zur Verfügung, aus denen sie wählen können. Sie lernen vom Leben und dürfen Verantwortung für sich und ihre Lernreise übernehmen. Sie beobachten Erwachsene, die ein erfülltes Leben führen und ihr Wissen und ihre

Erfahrung gerne mit Kindern und Jugendlichen teilen. Die Kinder werden in ihrer Eigenständigkeit geachtet und dürfen auf ihre Art und Weise lernen, wie sie gut mit sich selbst, mit der Natur und in Gemeinschaft leben. Diese Kinder und Jugendlichen bilden das Fundament einer friedvollen Gesellschaft und eines robusten Immunsystems gegenüber zukünftigen Erregern. Schauen wir also nicht weiter nur gebannt auf die Bedrohung von außen. Erkennen wir die Macht, die wir besitzen, und übernehmen wir Verantwortung für das, was wir imstande sind zu ändern: Uns selbst!

---

1 https://clubderklarenworte.de/das-netzwerk-dokument/ – **https://archive.ph/fXyT5**

2 Gerd Reuther: Heilung Nebensache

3 https://youtu.be/370WdoZQbl0

4 https://news.gallup.com/poll/165269/worldwide-employees-engaged-work.aspx – **https://archive.ph/yKVhZ**

5 Michael Hüter: Kindheit 6.7.

Leseempfehlung

- → Rainer Mausfeld: Angst und Macht
- → Wilhelm Reich: Die Massenpsychologie des Faschismus
- → Mattias Desmet: Die entstehende totalitäre Dystopie, https://blog.bastian-barucker.de/?p=1840 – **https://archive.ph/O54xz**
- → John Taylor Gatto; Rede zur Verleihung der Auszeichnung „Lehrer des Jahres“, https://blog.bastian-barucker.de/?p=3817 – **https://archive.ph/muqUq**

🔊 **HÖRFASSUNG**
https://massel.net/Bob1

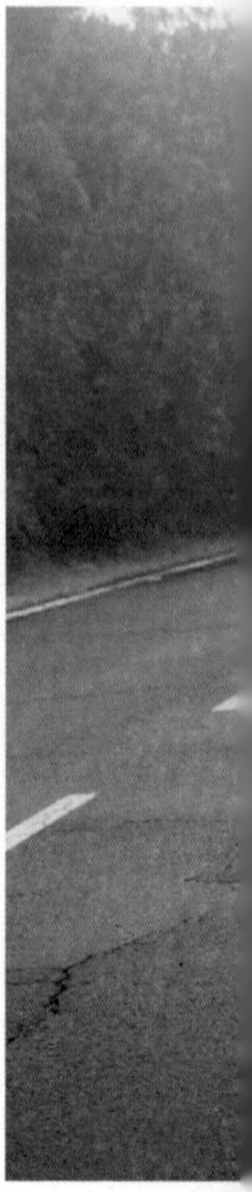

*»Ihr jungen Menschen werdet unsere Gesellschaft irgendwann entscheidend gestalten.
Ihr werdet all eure Kreativität, Verbundenheit, Aufrichtigkeit, Begeisterung, Demut und Authentizität brauchen, um die Welt friedlicher, gesünder, gerechter und schöner zu machen.«*

Bilden oder bilden lassen

Über die mutige Entscheidung, dein Lernen selbst in die Hand zu nehmen

Eine Gesellschaft, die Kinder und Jugendliche als passive Empfänger von Bildung versteht, ist in großer Gefahr. Sie erschafft damit Aufgabenerfüller und Konformisten, die als Erwachsene glauben, dass jemand anderes besser wüsste, was sie zu lernen oder zu tun haben. So beraubt sich die Gesellschaft ihrer Kreativität, ihrer Lebendigkeit und vor allem des Mutes, Neues auszuprobieren. Deshalb, junger Mensch, sage ich dir: Erlaube dir, dich selbst zu bilden!

Ein Teil meiner Lernreise

Es ist das Abiturjahr meines Jahrgangs 2003 und durch einen „Zufall" des Lebens verliebe ich – sporttreibender Hip-Hop DJ – mich in dieser

Zeit in eine schwarzgekleidete, intellektuelle Frau, die Gitarrenmusik hört und philosophische Bücher liest. Ganz nebenbei: Es gibt keine Zufälle im Leben. Aber dazu vielleicht später mehr. Ich bin fasziniert von ihrer Welt und tauche plötzlich in die pädagogischen Ansichten der Philosophen Rousseau und Locke ein. Locke war der Meinung, Kinder seien eine leere Tafel, die beschrieben werden muss. Rousseau hingegen dachte, Kinder seien wie Pflanzen, die bereits viel Wissen über ihre Entwicklung in sich tragen. Sie brauchen nicht beschrieben zu werden, sondern eine nährende Umgebung, um gut zu gedeihen. Ein Löwenzahn benötigt keinen Unterricht, um zu wissen, wer er ist und wie er zu wachsen hat. Er braucht eine natürliche Umgebung, in welcher er gut gedeihen kann.

Angeregt durch diese Lektüre, weiß ich vor Abschluss meines Abiturs eines ganz genau: Ich werde nicht von einer Bildungsinstitution, dem Gymnasium, in die nächste Bildungseinrichtung, die Universität, gehen. Durch das lebensnahe Lernen in Rousseaus „Emile oder über die Erziehung" hat sich für mich ein Fenster geöffnet und ich frage mich: „Wieso gehe ich nicht einfach ins Leben, um zu lernen?"

Diese Frage markiert den Startpunkt einer langen, selbstbestimmten Lernreise. Ich suchte mir Lehrer und Lernorte, meistens in der Natur, und tauchte jeweils voll und ganz in diese Lernumgebungen ein. Egal, ob die Wildnis Nordamerikas, die bolivianischen Anden, die Tiroler Berge oder die Steppe von Tansania – ich wollte aus eigenen Erfahrungen lernen und entdecken.

Es begann mit einer Ausbildung zum Überlebenstrainer, in der ich im Zelt lebend jeden Tag draußen die Grundlagen des Wildnislebens erlernte. Nach einigen Monaten meldete sich jedoch eine Stimme in mir: „Ich müsste doch studieren und einen ‚normalen' Bildungsweg einschlagen."

Ein paar Wochen später sitze ich in der Freien Universität Berlin. Es ist Winter und ich bin gerade zurück von einem mehrmonatigen Aufenthalt in der Natur. Ich betrete einen künstlich beleuchteten Raum, in dem ein Student sitzt, und schreibe mich in das Studienfach

Geographische Wissenschaften ein. Ich schaue aus dem Fenster und sehe die orange-rote Sonne langsam aufgehen. Gleichzeitig wird mir erklärt, wie das Credit-System der Universität funktioniert. Ich merke schnell, dass das Leben da draußen mich berührt, aber das mir bevorstehende Punktesystem kein bisschen. Vielleicht muss ich in dieser Anfangsphase erst einmal durchhalten, um danach wirklich Spannendes zu erlernen?

Sechs Monate später. Nachdem ich zwischen den Vorlesungen die meisten Bäume des Campus bestimmt, die Spuren der Hasen verfolgt, die Vogelnester kartiert und die besten Verstecke erkundet habe, weiß ich, dass Hörsäle nicht mein Ort sind, um etwas über die Erde zu lernen. In einem Brief an den Leiter des Instituts äußere ich meine Kritik zu Online-Tests, Vorlesungen ohne Fragen und Hausaufgaben, die keiner liest. Er stimmt meiner Kritik zu und lässt mich wissen, dass er daran nichts ändern könne. Das ist der Augenblick, an dem ich die Universität verlasse und mich entscheide, wieder zurück ins „echte" Leben zu gehen, um weiterzulernen.

Junger Mensch, ich mag dir etwas sagen

Verstehe mich bitte nicht falsch: Ich weiß nicht, was der richtige Lernweg für dich ist. Vielleicht ist es die Universität. Vielleicht aber auch nicht. Ich erzähle dir meine Lerngeschichte, damit du ein gelebtes Beispiel betrachten kannst. Sie kann dir einen von vielen Lernwegen aufzeigen. Du, und nur du, kennst jedoch deinen eigenen Lernweg am besten. Es ist nicht immer leicht zu wissen, was du willst. Das ist okay und kein Grund zur Sorge.

Es wird Menschen geben, die dir sagen wollen, was für dich am besten ist. Manche davon haben die Sorge, dass aus dir nichts „Ordentliches" wird. Manche wollen einfach nur dein Bestes. Manche von diesen Menschen haben sich selber nie getraut, ihren eigenen Weg zu gehen, und wollen deshalb, dass du so wirst, wie sie nie waren.

Dann wird es Menschen geben, die Interesse an dem haben, was du willst. Sie werden dich fragen, dir zuhören, ohne dir sagen zu wollen, was das Richtige für dich ist. Manche schenken dir so viel Vertrauen und Offenheit, dass sie dich einladen, ganz ehrlich herauszufinden, was du eigentlich lernen möchtest. Sie laden dich ein, dich nicht darum zu kümmern, was andere wollen. Dann entsteht ein Raum des Träumens. In diesem Raum flüstert dir eine Stimme folgende Frage zu: „Wenn alles erlaubt wäre, was würdest du am liebsten machen?"

Ich empfehle dir, auf dein Bauchgefühl und dein Herz zu hören. Das klingt vielleicht komisch, aber es ist die Verbindung zu deinem Wesenskern und es ist gut, wenn du lernst, diesem zuzuhören. Es ist in Ordnung und ganz normal, diese innere Stimme manchmal nicht zu hören oder sie nicht richtig zu verstehen. Auch das ist Teil des Lernens. Und, wenn du sie wieder wahrnimmst, dann lausche.

Traue dich, völlig abwegig zu denken und Dinge in Betracht zu ziehen, die noch niemand gemacht hat. Traue dir selbst aber auch, wenn dein Impuls des Lernens in eine Richtung geht, die nicht augenscheinlich besonders ist. Jegliches Lernen ist wertvoll und keine Lernreise ist besser oder schlechter als die andere.

Mache Fehler, denn Probieren geht über Studieren!

Ich rede nun schon eine Weile und hoffe, ich langweile dich nicht. Ich weiß zu schätzen, dass du mir zuhörst. Und glaube mir, mich interessiert, wie es dir geht und was du zu sagen hast. Aber vorher lass mich dir noch etwas über das Fehler machen erzählen. Vielleicht hast du früh gelernt, dass es nicht gut ist, Fehler zu machen. Am besten macht man alles richtig. Wer Fehler macht, kriegt keine guten Noten. Manche Kinder lernen das bereits bei ihren Eltern vor der Schule. Fast alle Menschen, die du triffst, haben Angst, Fehler zu machen. Ich auch. Obwohl ich nun schon 15 Jahre übe, Fehler zu machen, bekomme ich immer noch Angst, wenn ich etwas falsch mache.

Nun, das ist überflüssig. Mache Fehler! Habe keine Angst davor. Angst lähmt und du hörst auf, Dinge auszuprobieren. Manche Möglichkeiten wirst du ausprobieren müssen, um zu wissen, ob es das Richtige ist. Wie in aller Welt sollst du das vorher wissen? War es ein Fehler von mir, zur Universität zu gehen, um zu merken, dass es nicht das Richtige ist? Natürlich nicht. Also habe keine Angst, Fehler zu machen. Wir leben in einer Zeit, in der wir Menschen brauchen, die sich etwas trauen.

Es gab einmal ein Mädchen in einer Schule. Der Lehrer sagte allen Kindern, sie sollen ein Bild malen. Der Lehrer ging durch die Klasse und kam zu dem Mädchen. Er fragte sie, was sie denn male. Sie sagte: „Ich male ein Bild von Gott." Der Lehrer stutzte und antwortete: „Aber niemand weiß, wie Gott aussieht." Das Mädchen antwortete: „Doch! Gleich wissen es alle!" Du verstehst, was ich meine, oder?[1]

Wir haben uns geirrt

Weißt du, vor langer Zeit haben wir Erwachsenen einen großen Fehler gemacht: Wir haben angenommen, Lernen bedeutet, sehr viele Informationen an einem sehr kleinen Ort im Gehirn abzuspeichern. Du kennst das bereits aus der Schule. Wenn du diese Informationen in dir behältst und dann zur Prüfung auf das Papier bringst, bekommst du eine gute Note. Du hast zwar nichts für das Leben gelernt, aber du bist ein sehr guter Bulimielerner geworden.

Wir haben gedacht, man könnte Kinder wie leere Schüsseln behandeln und viel Wissen in sie hinein füllen. Erinnerst du dich noch an Locke und dass er dachte, Kinder seien leere Tafeln? Das ist genau das Gleiche. Damit das Bulimielernen schnell und effizient geht, haben wir sie alle in ein Haus gesteckt und ihnen befohlen, sich stundenlang hinzusetzen. Außerdem haben wir dafür gesorgt, dass nicht ihr Kinder entscheidet, was ihr wann und wie lernt, sondern es gibt immer einen Experten, der das besser weiß. Wir leben in einer Zeit, wo viele Menschen anderen sogenannten Experten mehr vertrauen als sich selber. Manchmal ist das gut und sinnvoll, aber oftmals nicht. Längst ist klar, dass nur ein ganz kleiner Bruchteil der Informationen, die euch in der Schule aufgetischt werden, auch nach der Schule aus eurem Gedächtnis abrufbar sind. Und vieles davon werdet ihr nie wieder brauchen.

Wir Erwachsenen haben noch ein weiteres, schwerwiegendes Problem. Weil wir nicht gelernt haben, mit Fehlern gut umzugehen, gestehen wir unsere Fehler selten ein. Wir haben alle gelernt, dass es schlecht ist, Fehler zu machen. Deshalb wiederholen wir manchmal etwas, was sinnlos ist, nur um nicht zugeben zu müssen, dass wir uns geirrt haben. Verrückt, oder?

Ein richtig kluger Mann, Albert Einstein, würde uns sogar als wahnsinnig bezeichnen: „Die Definition von Wahnsinn ist, immer wieder das Gleiche zu tun und andere Ergebnisse zu erwarten."

Wir wissen schon lange, dass das mit dem Lernen so nicht funktioniert. Aber für manche Menschen ist es von Vorteil, wenn Kinder schon früh lernen, dass sie brav sitzen bleiben und lernen, was, wann und wie eine Autorität das will. Menschen, die andere gerne kontrollieren und bestimmen, wo es lang geht, die freuen sich über Bulimielerner und Aufgabenerfüller.

Die Erwachsenen, die sich mit Lernen ein wenig auskennen, wissen, dass Lernen eigentlich ganz anders funktioniert. Es gibt immer mehr Menschen, die Schulen und Universitäten revolutionieren wollen. Irgendwann werden es so viele sein, dass wir das Lernen in dieser Gesellschaft noch einmal ganz neu überdenken! Oder sollte ich sagen: ganz alt?

Wie war es früher?

Weißt du, wir Menschen sind verrückte Wesen. Jeden Tag verbringen wir in Häusern und auf Straßen, aber eigentlich kommen wir alle aus dem Wald beziehungsweise aus der Savanne. Also wir lebten fast die ganze Zeit unserer Geschichte in der Natur. Jeden Tag, jede Woche, jeden Monat lebten wir in kleinen Gruppen draußen und besorgten uns Essen, eine Unterkunft, Wasser, Feuer, Werkzeuge, Kleidung und vieles mehr. Wir lebten so wie die Tiere auch. Wir sind auch Tiere, weißt du, Säugetiere. Manche Menschen denken, sie seien etwas Besseres als ein Tier. Ich glaube das nicht. Geh einmal raus in den Wald und bleibe da ein paar Tage. Du wirst schnell feststellen, wie viele Fähigkeiten diese Tiere haben. Du wirst frieren und Hunger leiden. Die Rehe, Ameisen und Rotkehlchen nicht, denn sie wissen, wie das Leben in der Natur funktioniert.

Als wir Menschen dieses Wissen auch noch hatten, gab es übrigens keine Schulen. Es gab auch nicht den einen Lehrer. Da waren viele Onkels, Tanten und Großeltern. Jeder von ihnen konnte irgendetwas besonders gut. Es gab auch keine schriftlichen Prüfungen. Die Kinder lebten mit den Erwachsenen im Dorf und spielten. Sie spielten sehr viel und am liebsten in einer Gruppe von Kindern. Die waren nicht alle gleich alt, sondern sehr gemischt. Die Großen zeigten den Kleinen neue Dinge und passten auf sie auf. Die Kinder beobachteten die Erwachsenen bei den Aktivitäten des Alltags: Pfeile herstellen, Körbe flechten, Kanus bauen, Leder gerben und vieles mehr. Dann fingen sie an, diese Dinge nachzumachen und die Erwachsenen halfen ihnen so lange dabei, bis sie es allein konnten. Sie lernten also, indem sie Dinge taten und andere beim Tun beobachteten. Weißt du, ich war selber schon einmal bei Jägern und Sammlern, weil ich Dinge lieber selber sehe, als sie in einem Buch zu lesen. Ich habe gesehen, wie Jugendliche Giftpfeile herstellen und auf die Jagd gehen und das Dorf versorgen. Ich habe gesehen, wie Siebenjährige mit dem Bogen Vögel jagen. Ich konnte meinen Augen kaum trauen.

Lerne vom Leben

Das Leben ist echt aufregend. Es ist sehr bunt und besonders. Kein Mensch weiß alles über das Leben. Wir haben nur das eine, zumindest glaube ich das. Aber wissen tue ich das nicht. Auf jeden Fall ist das Leben wunderbar und es gibt viele spannende Orte und Menschen.

Du erinnerst dich, dass ich am Anfang gesagt habe, es gebe keine Zufälle. Nun, ich bitte dich, mir nicht alles zu glauben, sondern das Leben selber zu fragen. Du wirst deine Antwort dazu finden. Auf jeden Fall empfehle ich dir, aufmerksam zu sein. Achte auf Dinge, die vermeintlich zufällig geschehen. Bemerke Augenblicke, die sich so anfühlen, als würde das Leben dir etwas schenken. Es kann auch sein, dass diese Zufälle Enttäuschung, Trauer und Schmerz hervorrufen. Es wird eine Weile dauern, bis du auch diese Momente als wertvoll erachten kannst. Wenn dir also Zufälle widerfahren und diese dich auf ungeahnte Weise lernen lassen, dann sage „Danke". Sag es in deinen Worten und von Herzen.

Lerne von Mentoren

Erinnerst du dich noch, was ich dir von Rousseau erzählt habe? Er hatte tolle Theorien zum Thema Lernen und schrieb viel über natürliche Bildung. Denk an mein Beispiel mit dem leckeren Löwenzahn, der bereits weiß, wer er ist und dass er zum Wachsen nur ein passendes Umfeld braucht. Rousseau ist ein gutes Beispiel für etwas, das ich in meinem Leben oft beobachtet habe. Er hatte fünf Kinder und ließ sie alle im Waisenhaus erziehen. Aber ein Waisenhaus ist nicht die ideale Umgebung für ein Kind. Er schrieb also Bücher über eine gute Art und Weise, mit Kindern umzugehen, war aber nicht in der Lage, das auch zu leben. Das heißt nicht, dass seine Ideen nicht wertvoll sind. Aber es besteht ein großer Unterschied zwischen einer Person, die etwas sagt oder schreibt und einer Person, die lebt, was sie sagt.

Es gibt sehr gute Lehrer und Lehrerinnen, die wenig oder gar nichts sagen oder schreiben. Sie tun einfach das, was sie von Herzen gerne machen. „Walk the Talk!", sage ich nur.

Sie sind meist sehr gut in dem, was sie tun und es lohnt sich, einige Zeit in ihrer Nähe zu sein und sie zu beobachten. Suche dir Menschen, die etwas vorleben, was dich interessiert und begeistert. Habe den Mut, sie zu fragen, ob du Zeit mit ihnen verbringen kannst. Einen Mentor wirst du daran erkennen, dass er dich als Person kennenlernen möchte. Er wird sich für dich interessieren und dich darin unterstützen, dich voll und ganz zu entfalten. Er unterstützt dich in deiner Art des Lernens. Im besten Fall hat er keinen Plan, wie du zu sein hast und was du werden sollst, sondern weiß, dass du, genauso wie der Löwenzahn, eine gute Lernumgebung brauchst und bereits alles in dir trägst, was du brauchst.

Abschluss

So, jetzt habe ich sehr viel geredet und du hast mir lange zugehört. Ich wollte dir das unbedingt erzählen, weil ich denke, dass du und jeder

Jugendliche etwas ganz Besonderes seid. Ich will dich ermutigen, dich auf den Weg zu machen und deine persönliche Lernreise mit Offenheit, Mut und Freude zu anzutreten. Ich möchte auch, dass du weißt, dass uns Erwachsenen dein Wohlergehen und Glück am Herzen liegen. Wir sind für dich da, wenn du uns brauchst und lassen dich gehen, damit du dich und das Leben kennenlernst. Wir wissen auch, dass es nicht einfach ist und du vielen Herausforderungen begegnen wirst. Sag Bescheid, wenn du Hilfe brauchst, okay?

Ihr jungen Menschen werdet unsere Gesellschaft irgendwann entscheidend gestalten. Ihr werdet all eure Kreativität, Verbundenheit, Aufrichtigkeit, Begeisterung, Demut und Authentizität brauchen, um die Welt friedlicher, gesünder, gerechter und schöner zu machen. Betrachte das nicht als Last oder Arbeit. Es ist die Verantwortung des Erwachsenseins. Du wirst merken, wann es so weit ist, diese Verantwortung zu übernehmen. Wenn du gute Mentoren gefunden hast, werden sie dich zum richtigen Zeitpunkt daran erinnern.

Es warten spannende Jahre auf dich und auf uns alle. Und du sollst wissen: Es ist kein Wettkampf und keine Konkurrenz. Das, was du auf deiner Reise findest, ist genau das Richtige für dich. Im Wald versucht keiner, so zu sein wie der andere. Stell dir vor, die Ameise würde versuchen zu fliegen wie der Adler. Das macht keinen Sinn. So wie in der Natur hat auch jeder Mensch sein Geschenk, seine Eigenart und seinen persönlichen Weg. Achte den Weg der anderen und lerne von ihnen. Gehe eine Weile mit ihnen und lass dich in Freundschaft bereichern. Geh du deinen Weg. Aber bleibe nicht allein. Mach es wie die Natur. Lebe in Verbundenheit und Kooperation mit allen anderen Wesen dieser Erde. Nur durch das Zusammenweben der einzelnen Talente in eine Gemeinschaft der Gegenseitigkeit entsteht das Netz des Lebens. Alle geben und nehmen. So fließt das Leben schon immer und auch für immer.

So, genug geredet. Ich will dich nicht aufhalten. Außerdem wartet mein kleiner Sohn auf mich. Er ist fast ein Jahr alt. Er liebt die Natur, die Erde, das Wasser, die Sonne und den Himmel. Er blickt offen und voller Freude in die Welt und bestaunt die Menschen, denen er begegnet. Er vertraut darauf, dass wir Eltern, aber auch alle anderen, ihm wohlgesonnen sind.

Du, ich und wir alle haben die Wahl. Wir können uns dafür entscheiden, den Weg des Lebens zu gehen und uns sowie unsere Talente besser kennenzulernen. Das ist gut und wichtig. Wir können uns auch dafür entscheiden, unser Tun daran auszurichten, dass die jetzigen Kinder und die, die noch nicht geboren sind, eine Welt vorfinden, in der sie gesund, verbunden, friedvoll und in Schönheit leben können. Eine Welt, in der sie ganz sie selbst sein können und die Dinge lernen, die ihnen am Herzen liegen. Ich habe diese Entscheidung getroffen und das ist auch der Grund, warum ich dir all das erzählt habe.

Ich wünsche dir von Herzen eine wundervolle Reise durchs Leben!

---

1 Sir Ken Robinson: Schule erstickt Kreativität, https://youtu.be/iG9CE55wbtY

Leseempfehlungen

→ Sir Ken Robinson: In meinem Element
→ Michael Hüter: Kindheit 6.7.
→ Peter Gray: Befreit lernen
→ John Taylor Gatto: Verdummt noch mal!

🔊 HÖRFASSUNG
https://massel.net/WdWR

*»Der Redekreis ist ein sehr wirksames Mittel,
um Barrieren zu beseitigen und
Menschen die Möglichkeit zu geben,
sich völlig frei auszudrücken.«*

TALKINGCIRCLE.NET

Werkzeuge des Wandels: der Redekreis

Angeregt durch eine wertvolle Kritik auf meinen Artikel „Der fortwährende Übergriff“ starte ich eine Reihe von Veröffentlichungen, die Werkzeuge für den Wandel vorstellt. Diese Hinweise sollen leicht verständlich und praktikabel sein. Es handelt sich dabei um praktische Methoden, die Personen, Familien und Gemeinschaften auf dem Weg in ein neues Miteinander anwenden können. Alle Werkzeuge habe ich viele Jahrzehnte selber angewandt und ausprobiert. Allerdings sind diese weder mein Eigentum, noch habe ich sie erfunden. Ich habe sie meist von anderen Menschen gelernt, praktiziert und dann adaptiert. Ich beschreibe im Folgenden meine Erfahrungen aus dieser praktischen Anwendung und lade jeden zum eigenen Ausprobieren ein!

> *Der Redekreis hält Einzug in Schulen, Vorstandsetagen und Umkleidekabinen auf der ganzen Welt, und zwar aus dem einfachen*

Grund, dass diese Technik sehr gut funktioniert. Die Symbolik des Kreises, der keinen Anfang hat und in dem niemand eine herausragende Stellung einnimmt, ermutigt die Menschen, frei und ehrlich über die Themen zu sprechen, die ihnen auf dem Herzen liegen." [1]

Beginnen wir mit einem der kraftvollsten Werkzeuge, welches ich in den letzten 20 Jahren kennen lernen durfte: dem Redekreis. Menschliche Beziehungen leben durch und von Kommunikation. „Sich mitteilen" und „gehört werden" sind starke, soziale Bedürfnisse, die erfüllt sein müssen, damit wir uns wohl und verbunden fühlen. Ich habe insgesamt mehrere Jahre in sehr herausfordernden Situationen in der Wildnis gelebt und die wichtigste Fähigkeit, die ein gutes Leben im Wald ermöglicht, ist eine gelungene Kommunikation. Jede Gruppe, unabhängig davon wie gut sie Feuer machen, jagen oder Hütten bauen kann, wird scheitern, wenn sie nicht miteinander auskommt. Um Spannungen und Meinungsverschiedenheiten zu lösen und für ein Gleichgewicht in der Gruppe zu sorgen, braucht es die Möglichkeit aller, sich ehrlich und authentisch zu äußern.

„Redekreise stammen ursprünglich von den ‚Chiefs' der Irokesen – der Prozess wurde eingesetzt, um sicherzustellen, dass alle Anführer im Stammesrat gehört werden und dass diejenigen, die sprechen, nicht unterbrochen werden." [2]

Der Redekreis ist eine indigene Weisheit Nordamerikas und Bestandteil vieler nativer Kulturen. Er ist ein Werkzeug der Wildnis voller Potenzial und Kraft. Die Struktur des Redekreises ist regional verschieden und es gibt mittlerweile viele unterschiedliche Adaptionen und Formen des Redekreises. Er wird mittlerweile in Gefängnissen, in Schulen, Therapiezentren und Firmen angewandt. Ich beschreibe eine Art und Weise der Struktur und erläutere die Kernelemente.

Der Kreis als Symbol für die Rhythmen der Natur

Es mag unwesentlich erscheinen, aber hinter dem Kreis als Form stecken sehr wichtige Bedeutungen. Gestalte den Redekreis also so, dass alle Teilnehmenden im Kreis sitzen. Das hat mehrere Vorteile. Alle Leute im Kreis können einander sehen und in die Augen schauen. Im Zentrum des Kreises kann ein kleiner Altar oder eine Kerze stehen, die das gemeinsame Zentrum symbolisiert. Der Kreis symbolisiert das zyklische Leben in der Natur. Natürlicherweise verläuft alles in Kreisen und Zyklen. Alles wiederholt sich stetig, wird geboren, wächst, gedeiht und stirbt. Der Lauf der Sonne, das Kommen und Gehen der Jahreszeiten, der Zyklus des Mondes und das menschliche Leben sind nie linear, sondern immer zyklisch. Aufgrund unseres zivilisierten, oft zielorientierten Lebens und Arbeitens vergessen wir, dass das Leben ein Kreislauf ist.

Der Redekreis wird von einer Person einberufen, die eine Frage oder ein Anliegen hat. Sie lädt alle Personen ein, die sie gerne dabei haben möchte. Die Teilnahme an einem Redekreis ist etwas

Besonderes und wurde früher als Ehre empfunden. Der Redekreis dient dem Aussprechen und Hören der persönlichen Wahrheiten der Teilnehmenden. Er ist nicht primär dafür da, ein Problem zu lösen. Wenn eine Gruppe in Gleichgewicht und Harmonie ist, finden sich Lösungen wie von selbst. Sie sind ein Nebeneffekt von Balance. Deshalb ist es sinnvoll, sich darauf zu besinnen, dass der Redekreis kein greifbares Ergebnis haben muss. Der Prozess des authentischen Redens und des mitfühlenden Zuhörens sind die wichtigsten Eigenschaften des Redekreises.

Es ist in Unterhaltungen sehr verbreitet, dass sich Menschen ins Wort fallen oder während des Zuhörens bereits gedanklich ihre Antwort vorbereiten. In hitzigen Diskussionen kann es wie ein Schlagabtausch wirken. Der Redekreis unterbindet diese Art der Kommunikation. Es gibt nicht die Möglichkeit, anderen ins Wort zu fallen oder direkt auf das Gesagte zu reagieren. Jeder im Kreis ist dazu „gezwungen", das Gesagte so stehen zu lassen, wie es gesagt wurde. Das ist für die meisten anfänglich die größte Schwierigkeit, da sie es gewohnt sind, Antworten oder Gegenargumente parat zu haben. Das Wunderbare daran ist aber, dass es die Teilnehmenden dazu bringt, wirklich zuzuhören.

> *„Die wichtigsten Grundsätze des Redekreises sind: die Präsenz jedes Teilnehmers zu würdigen und seinen Beitrag wertzuschätzen, die Verbundenheit zwischen den Menschen zu betonen, den emotionalen und spirituellen Ausdruck zu unterstützen und allen die gleiche Stimme zu geben. Vertraulichkeit ist ebenfalls von zentraler Bedeutung, um Offenheit und emotionale Sicherheit zu gewährleisten. Darüber hinaus ist die Teilnahme freiwillig, kein Teilnehmer ist gezwungen, etwas mitzuteilen, wenn er es nicht möchte."* [3]

Der einzige Weg, die beziehungsfördernde Kraft des Redekreises kennen zu lernen, ist ihn zu erleben. Das Wissen steckt im Tun. Deshalb lade ich Sie ein, sich ein persönliches Anliegen oder eine Frage auszusuchen und Menschen zu einem Redekreis einzuladen.

Regeln für den Redekreis

Der Redekreis lädt dazu ein, nur von sich und der eigenen, subjektiven Wahrheit zu sprechen. Darunter ist das Artikulieren von Gefühlen, Gedanken und Meinungen zu verstehen.

Das Benennen der eigenen Gefühle schafft Verständnis und Verbundenheit. Die Teilnehmenden reden in Ich-Botschaften und sprechen so ausführlich wie nötig und so präzise wie möglich. Sie sprechen von Herzen! Alle Dinge, die im Redekreis gesagt werden, sind vertraulich und werden nicht weitererzählt. So entsteht ein sicherer Raum, der es Menschen ermöglicht, sich ehrlich zu äußern.

Im Redekreis wird nur das genannte Thema besprochen. So werden Abschweifen und ausuferndes Reden verhindert.

Wer den Redegegenstand in der Hand hält, ist eingeladen, sich zu äußern. Es besteht aber keine Pflicht dazu. Schweigen kann genauso wertvoll sein wie Worte. Alle anderen hören aufmerksam und mitfühlend zu. Es ist nicht möglich, andere Menschen beim Reden zu unterbrechen. Der Redegegenstand kann ein Stein, ein Stock, eine Feder, ein Zapfen oder Ähnliches sein.

Im Redekreis ist es wichtig, von Herzen zuzuhören. Darunter ist der aktive Vorgang zu verstehen, bei dem der Zuhörende den anderen verstehen will, ohne sich ein Urteil über ihn oder seine Meinung zu bilden. Es braucht dafür die Fähigkeit, mitfühlend und verständnisvoll zu sein.

Ablauf

- Der Redekreis beginnt mit einem klaren Anfang. Das kann ein Hände halten, ein Gongschlag, eine Schweigeminute oder das Räuchern sein.

- Die Person, die eingeladen hat, beschreibt ihr Anliegen oder stellt ihre Frage.
- Wenn sie ihre Wahrheit gesprochen hat, dann gibt sie den Redegegenstand im Uhrzeigersinn weiter.
- Die nächste Person ist an der Reihe und hat die Möglichkeit, sich offen und ehrlich zu äußern.
- Der Redegegenstand kreist, bis er wieder bei der einladenden Person angekommen ist.
- Diese fragt den Kreis, ob es noch Dinge gibt, die gesagt werden müssen. Sollte dazu ein Ja ertönen, wird der Gegenstand wieder im Kreis weitergereicht.
- Jeder hat wieder die Möglichkeit, sich zu äußern.
- Wenn alles gesagt wurde, schließt der Redekreis mit einem klaren Ende. Das kann wieder eine rituelle Geste sein, auf welche sich der Kreis geeinigt hat.
- Der Redekreis ist beendet.

Anregungen aus der Praxis

Abschließend möchte ich ein paar persönliche Erkenntnisse aus vielen Stunden Redekreis-Interaktion beschreiben. Die Kommunikationsformen in Familie, Partnerschaft oder im Beruf sind meist gut eingespielte Routinen und deshalb kann es anfänglich unnatürlich oder künstlich wirken, sich im Redekreis zu versammeln. Es braucht Mut, Gewohnheiten zu brechen. Bleiben Sie dabei und machen Sie Erfahrungen mit der Struktur, bevor Sie sich dafür oder dagegen entscheiden. Schlussendlich kann der Redekreis zu einem lang ersehnten „Raum“ werden, um sich auf der Ebene des Herzen auszutauschen.

Es wird vorkommen, dass Menschen im Kreis auf die Äußerungen anderer emotional reagieren. Da sie anderen nicht ins Wort fallen dürfen, müssen diese Gefühle wahrgenommen und ausgehalten werden. Es kann wertvoll sein, sich auf die Spurensuche zu begeben, warum manche Äußerungen starke Gefühle auslösen. Dabei bleibt immer zu beachten, dass jeder Mensch verantwortlich für seine Gefühle ist. Auch das kann Thema für einen ehrlichen Redekreis sein.

Übung macht den Meister. Redekreise können lang und anstrengend sein. Es bedarf Übung, anderen Menschen lange und empathisch zuzuhören. Sehen Sie es als Training an. Sollten Sie begrenzte Zeit haben, dann etablieren Sie einen Zeithüter und portionieren Sie die Gesamtzeit, die Ihnen zur Verfügung steht auf die einzelnen Teilnehmer. Oftmals ist es möglich, die eigene Wahrheit mit wenigen ehrlichen Worten auf den Punkt zu bringen.

Ich würde mich freuen, wenn ich Sie dazu inspirieren konnte, diese alte Technik der Kommunikation in Ihrem Umfeld auszuprobieren. Ich bin der Meinung, dass wir aktuell mehr denn je „Räume" und Zeiten brauchen, in denen wir von Herzen sprechen und zuhören können, um unsere Wahrheit zu äußern und die Wahrheit unserer Mitmenschen zu empfangen. So entstehen Verbundenheit, Beziehung und Gemeinschaft.

---

1 http://talkingcircle.net – **https://archive.ph/zlOkj**

2 https://firstnationspedagogy.ca/circletalks.html – **https://archive.ph/zuh7W**

3 https://healingjusticeproject.org/news/2019/2/26/healing-circles – **https://archive.ph/ZY86w**

Leseempfehlungen

→ Manitonquat: Der Weg des Kreises

→ Christine Baldwin, Ann Linnea: Die Kraft des Kreises

→ Jack Zimmermann, Virginia Coyle: Council – Der große Rat

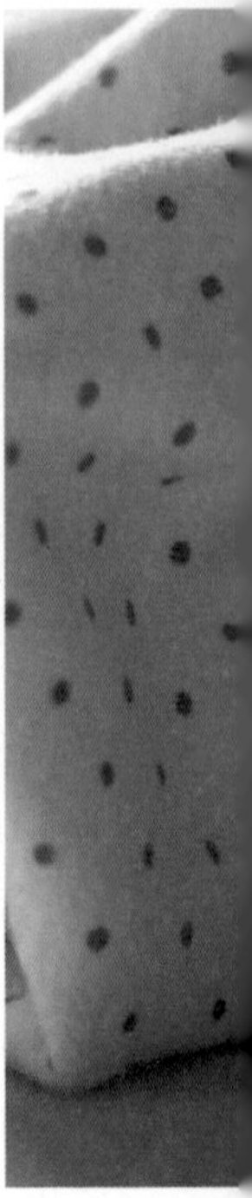

»In den letzten Stunden dieser Reise stand ein Kreis von Frauen im Nachbargarten und trommelte für uns, die Geburt und unser Kind. Immer wieder schallte der Trommelschlag in unser Zimmer und erzählte uns von der liebevollen Unterstützung, die uns umgab.«

Die Geburt meines Sohnes

Wie könnte der Versuch aussehen, Geburt und Schwangerschaft, also den Übergang vom Paar zur Familie, nicht nur als Kernfamilie isoliert zu erleben, sondern diese besondere Reise unterstützt und getragen durch andere zu machen? Wie sieht die bewusste Entscheidung eines Paares für die Elternschaft aus?

Hier beschreibe ich unsere Erfahrung, diesen einzigartigen Lebensabschnitt in eine Dorfstruktur zu integrieren, um uns als Familie einen möglichst entspannten Beginn zu ermöglichen und die Reise in das Familienleben möglichst bewusst zu gestalten

Nachdem ich mich selber jahrelang mit dem Thema Geburt beschäftigt habe und vor allem durch viele Jahre Selbsterfahrung am eigenen Leib erlebt hatte, dass die Erlebnisse rund um die Geburt bis ins Erwachsenenleben hineinwirken, stand nun eine bedeutende Entscheidung in meinem Leben an: Der Wunsch selber eine Familie zu gründen.

Des Weiteren weiß ich durch das Studium indigener Kulturen, dass die Geburt und das Heranwachsen eines neuen Menschen gemeinschaftlich gedacht und gelebt werden. Ich hatte zahlreiche Familien in Camps und Seminaren begleitet, die teilweise zu viele Verantwortlichkeiten trugen und deshalb sehr belastet waren und sich nach einem unterstützendem Kreis von Menschen sehnten. Auch aus diesem Grunde wollte ich dafür Sorge tragen, dass wir als Paar und als Familie von Anfang an gemeinschaftlich eingebunden sind. Inspiriert von der indigenen Perspektive zu Familie und Geburt beschlossen wir, die Gemeinschaft als Unterstützung in unseren Prozess mit einzubeziehen.

> *„In der traditionellen Großfamilie ist eine Frau, die ein Kind erwartet, immer von Frauen verschiedener Generationen umgeben, die sich einander im täglichen Leben unterstützen, also auch bei den Aufgaben, die eine Mutterschaft mit sich bringt. In solchen Familien kann sich eine erstgebärende Mutter bereits im Voraus gewisse Kenntnisse in diesem Bereich aneignen.“*
>
> Michel Odent

Jede Familiengründung ist einzigartig. Immer geben die Beteiligten ihr Bestes und tragen die höchstmögliche Sorge für das Wohlbefinden aller! Uns war bewusst, dass das Wissen um die Auswirkungen frühgeburtlicher Erfahrungen dazu führen kann, alles perfekt machen zu wollen. Ein solches Streben ist meist angstbeladen und wird vom Kind mit seiner enormen Feinfühligkeit wahrgenommen. Deshalb war es uns wichtig zu akzeptieren, dass wir Fehler machen und machen würden. So bemühten wir uns um eine möglichst entspannte Haltung allem gegenüber, was kommen könnte.

Ich habe in den letzten neun Jahren viele Menschen in tiefgehenden Prozessen begleitet, in denen sie durch Gefühls- und Körperarbeit Rückverbindung zu ihren Empfindungen als Embryo, Säugling und Kleinkind herstellten. Dabei bemerkte ich wiederkehrend das Phänomen, dass Menschen sich an die emotionale

Verfasstheit ihrer Eltern zum Zeitpunkt der Zeugung erinnerten. Sie konnten spüren, ob sie ein Wunschkind waren oder nicht. Es hatte auch einen Einfluss auf sie, wie die Verbindung zwischen den Eltern war und wie die Zeugung ablief. Schon so früh im Leben beginnt der Embryo seine Umgebung wahrzunehmen und wird emotional durch sein Umfeld beeinflusst.

Aufgrund dieser Erfahrungen war ich sensibilisiert für das feinfühlige Wahrnehmen des kleinen Menschen und hatte die Absicht, ein Feld zu erschaffen, in dem er sich so entspannt und authentisch wie möglich fühlen kann.

Die Einladung

Vor vielen Jahren nutzte der Schweizer Prozessbegleiter Willi Maurer während eines Seminars für Gefühls- und Körperarbeit die Metapher, dass das Zeugen eines Babys einer Einladung für einen Gast gleicht. Um einen Dauergast zu empfangen, ist die Entscheidung der GastgeberInnen vonnöten, genügend zeitliche und emotionale Kapazitäten einzuräumen, um sich um den Gast gut zu kümmern. Außerdem benötigen die Eltern eine stabile und geklärte Beziehung

miteinander, um sich den neuen Herausforderungen zu stellen, die mit dem Neuankömmling auftreten können. Für mich war es deshalb schnell klar, dass ich mich ganz bewusst für die Zeugung eines Kindes entscheiden wollte und auch das klare „Ja“ meiner Partnerin dafür brauchte. Ich wollte keine Zeugung, welche als „Unfall“ oder Versehen geschah, sondern eine bewusste Einladung an den Menschen, zu uns zu kommen. Deshalb haben wir unsere Entscheidung für ein Kind bei einem rituellen Gespräch im Kerzenschein gefällt, in der jede/r Sorgen, Wünsche und Fragen äußern konnte, bis wir, uns in die Augen schauend, beide ein Ja zu einem Kind geben konnten.

Einige Wochen später war dieses Kind angekommen und hatte sich uns als seine Eltern ausgewählt. Ab da fühlte ich mich als Vater eines voll bewussten und wahrnehmenden Wesens und antwortete auf die Frage, wann ich denn Vater werde, mit: „Das bin ich doch schon, aber ich weiß, was du meinst. Du meinst, wann das Kind geboren wird.“

> *„Unsere Zellen erinnern sich also an Umwelteinflüsse und die Folgen des eigenen Lebensstils. Erfahrungen der Vorfahren sind in ihnen ebenso gespeichert wie Erlebnisse aus der Zeit um die Geburt und weitere Gegebenheiten aus dem bisherigen Leben.“*
>
> Peter Spork

Das Elternfest

Es gab bereits seit einigen Jahren die Tradition eines Mutterfestes in unserer Region und an dieses anknüpfend, luden wir zum Ende der Schwangerschaft zu einem Elternfest ein. Auch ich als Mann wünschte mir einen rituellen Übergang in die Welt der Väter. Das Fest bestand aus drei Teilen. Als Erstes trafen sich ausgewählte Frauen mit der Mutter und parallel dazu ein Kreis von Männern mit mir, dem Vater.

Wir Männer verbrachten unsere Zeit im Wald. Die von mir

eingeladenen Väter waren mir vertraut und fühlten sich geehrt durch so eine Art Ritual. Es gab einen Redekreis zum Thema Vater sein, zeremonielle Geschenke, Tränen sowie Berührungen und zum Abschluss einen Sprung über die Schwelle des Vaterseins. Das Ritual haben wir Männer selber gestaltet und entworfen.

Ich finde es wertvoll, wenn Menschen und Gemeinschaften sich selber wieder Rituale und Zeremonien erschaffen. Danach, umarmt und getragen von den Vätern, trafen Männer und Frauen, Vater und Mutter wieder aufeinander. In einem wunderschön geschmückten Zimmer standen sich dann Mann und Frau gegenüber, umringt von den Vätern und Müttern des Rituals. Nach einigen Worten der Dankbarkeit und Rührung gab es einen Blumenregen und große Freude. Nach der Zusammenkunft folgte gemeinschaftliches Tanzen und Tönen. Abschließend versammelten sich alle am Buffet und es wurde gegessen, „geschnackt" und gelacht.

Die Geburt

Der feierlich geschmückte Raum des Elternfestes sollte auch das Geburtszimmer sein, in dem das neue Leben die Gebärmutter verlassen und geboren werden sollte. Gefüllt mit dem Segen und der Vorfreude der Gemeinschaft wurde der Raum nicht anderweitig genutzt, sondern wartete, so wie wir Eltern, auf den besonderen Augenblick.

Es ist klar, dass jede Familie selber entscheiden muss, wie und wo sie gebärt. Bei einer gesunden Schwangerschaft ohne Risikoindikatoren finde ich eine Hausgeburt die stimmigste Wahl. Aber nur dann, wenn vor allem die Frau sich an diesem Ort entspannen kann und sich so angstfrei wie möglich den Wellen der Geburt hingeben kann. Meiner Meinung nach herrscht in unserer Gesellschaft zu viel Angst, wenn es um die Geburt geht. Dadurch fehlt Frauen das Vertrauen in die ureigene Fähigkeit, ihr Kind auf die Welt zu begleiten.

Jede Geburt ist anders und einzigartig. Das Festhalten an

Konzepten, wie sie verlaufen sollte oder richtig ist, scheint oft der Anlass dafür zu sein, dass die Geburt nicht als individuelles, einzigartiges Erlebnis angenommen werden kann. Alles leichter gesagt als getan, denn wir leben in einer Welt, in der wir mithilfe unseres rationalen Denkens die Dinge bewerten, einordnen, planen und kontrollieren. Aber wie der Geburtshelfer und Arzt Michel Odent so schön beschreibt, ist die Geburt ein Vorgang, der vor allem durch das Instinktive, Körperliche geleitet wird, ganz wie bei allen Säugetieren, die sich für ihre Geburt gerne zurückziehen und unbeobachtet mit so wenig Stress wie möglich gebären.

Unsere Geburt war eine aufregende Reise voller Spannung und Vorfreude und der Realisation, dass jetzt der Augenblick gekommen war, auf den wir 40 Wochen gewartet hatten. Wir hatten im Vorfeld zwei Frauen angesprochen, die wir bei Bedarf zur Geburt dazu rufen würden, wenn das Bedürfnis nach mehr weiblicher Unterstützung aufkäme. Es war gut, diese Unterstützung im Rücken zu haben, aber schlussendlich kam das Bedürfnis, diese auch in Anspruch zu nehmen, nicht auf. In den letzten Stunden dieser Reise stand ein Kreis von Frauen im Nachbargarten und trommelte für uns, die Geburt und unser Kind. Immer wieder schallte der Trommelschlag in unser Zimmer und erzählte uns von der liebevollen Unterstützung, die uns umgab. Es war sehr rührend für uns alle. Als das Baby dann bei uns und das letzte Stück des Weges damit geschafft war, war es wie ein Wunder und Rausch zugleich. Unfassbar sind die ersten Augenblicke und die Freude über das neue Leben in unseren Armen und die Hochachtung vor diesem uralten, natürlichen Vorgang. Ein Moment voller Hingabe und Liebe für das Wunder des Lebens in Form der Geburt.

Die Zeit zwischen Geburt und dem Ausstoßen der Plazenta nennt

Willi Maurer die Zeit des Imprintings und diese Zeit ist ein sehr wichtiges Zeitfenster, in dem das Kind erfährt, ob es herzlich empfangen ist – geborgen, sicher, geliebt und in den Arm genommen.

Auch kann das Kind die Geburt am Herz von Mutter und Vater verarbeiten und nach dieser starken Anstrengung ruhen und ankommen. Wir verbrachten diese Zeit in herzlicher Offenheit für uns und unser Kind und die Hebamme verkündete das große Glück, woraufhin Freudenschreie und starkes Getrommel vom Nachbargarten ertönten. Alle wussten, unser Kind ist da und es geht uns gut. Was für ein Segen!

Das Wochenbett

> *„Die ersten vierzig Tage sind eine Zeit wie keine andere. Es ist ein kurzer Zeitabschnitt nach der Geburt deines Kindes, die sechs Wochen, die auf die vielen Wochen Schwangerschaft und wer weiß wie viele Stunden Entbindung folgen. Du bist dabei, dich von der Geburt zu erholen, dein Baby gewöhnt sich langsam an die helle, laute Welt und gemeinsam macht ihr euch daran, eure Beziehung zu gestalten. Diese Zeit ist kurz, aber unglaublich intensiv und sie bringt massive Veränderungen mit sich.*
>
> *Dein Körper verändert sich – erneut – und dein Herz schlägt vor lauter Gefühlen so stark, wie du es niemals für möglich gehalten hättest. Die üblichen Rhythmen werden außer Kraft gesetzt, denn Tag und Nacht verschmelzen. Deine Ausdauer und Gemütsruhe werden auf die Probe gestellt und zwar so sehr wie nie zuvor. Deine Verbindung zur Welt, wie du sie bis dato kanntest, lockert sich, löst sich vielleicht sogar und dein Selbstbild wandelt und überformt sich.*
>
> *Früher wurde eine Erholungs- und Gewöhnungsphase nach der Entbindung akzeptiert und regelrecht erwartet, so wie es an anderen Orten der Welt im Übrigen bis heute der Fall ist. Nach dem kräftezehrenden, anstrengenden Geburtsakt galt es als unbedingt nötig*

für die ganze Familie – und für die ganze Gesellschaft –, einer jungen Mutter die ersten vierzig Tage zur Erholung und Heilung zuzugestehen. Andere Menschen aus ihrer Umgebung kümmerten sich ums Kochen, pflegten sie und nahmen ihr alle Pflichten ab, während sie sich voll und ganz einer Sache widmen konnte: dem gesunden, glücklichen Übergang von der schwangeren Frau zur Mutter." HENG OU

Für unser Wochenbett sind wir einer bereits vorhandenen Tradition unseres Dorfes gefolgt, bei der sich die Gemeinschaft um die Versorgung der neuen Familie kümmert. Das bedeutet in unserem Fall, dass viele der Menschen, die bereits beim Elternfest dabei waren, sich das Kochen für uns untereinander aufteilten. Wir bekamen also jeden Tag frisch zubereitetes Essen mit liebevollen Grußkarten, Kuchen und andere kulinarische Bereicherungen geliefert.

Auch das Einkaufen wurde uns abgenommen, so dass wir genügend zeitliche und emotionale Kapazität hatten, um ganz für uns und das neue Leben da zu sein. Es war sehr rührend so viel Unterstützung zu bekommen und half uns sehr dabei, so stressfrei wie möglich auf die Bedürfnisse des Kindes einzugehen. Es lohnt sich also im Vorhinein einen Kreis von Menschen anzusprechen, der sich dann organisiert, um diese notwendigen Dinge zu erledigen. Abschluss dieser besonderen Zeit des Wochenbetts sollte bei uns ein zeremonieller und bewusster Schritt zurück in die Welt sein. Diesen gingen wir zu Dritt als Familie und kehrten damit nun als Familie ins Dorfleben zurück.

Das Schreiben und Veröffentlichen dieser sehr persönlichen Erfahrung soll als Inspiration dafür dienen, die eigene Familiengründung in Bewusstheit zu erleben. Es gibt viele verschiedene, stimmige Wege, Geburt und Schwangerschaft zu gestalten und dieser ist nur einer davon. Eventuell gibt es Elemente unserer Reise, die dir als werdender Vater oder werdende Mutter als wertvoll erscheinen. Dann sei eingeladen, sie auf deine Weise in deine persönliche Reise zu integrieren, denn:

> *„Wir können die Welt nicht verändern, ohne die Art und Weise zu ändern, wie Kinder geboren werden."*
>
> DR. MICHEL ODENT

Leseempfehlung

→ David Chamberlain: Woran Babys sich erinnern

→ Sobonfu Some: In unserer Mitte – Kinder in der Gemeinschaft

→ Ina May Gaskin: Die selbstbestimmte Geburt

→ Heng Ou: Die ersten vierzig Tage

ANHANG

Auf Spurensuche nach Natürlichkeit

Bastian Barucker fühlt sich beruflich und persönlich zwei Themen sehr verbunden und widmet diesen seine Begeisterung und Schaffenskraft seit vielen Jahren:

Wildnisschule Waldkauz

Menschen brauchen Naturverbundenheit. Die Angebote der Wildnisschule widmen sich diesem ursprünglichen Bedürfnis. In unseren Seminaren und Weiterbildungen geht es darum zu lernen, sich draußen zu Hause zu fühlen und die Rhythmen und Botschaften der Natur wieder wahrzunehmen. Die Wildnisschule ermöglicht gemeinschaftliches Lernen aus Erfahrung, begleitet von kompetenten Mentorinnen und Mentoren.

www.wildnisschule-waldkauz.de

---

gemeinsam wachsen

Gefühls- und Körperarbeit ermöglicht, über den emotionalen Ausdruck der angerührten Gefühle Rückverbindung zu primären Prägungen zu finden und sie zu integrieren. Dadurch wandeln sich die alten Muster zu einem achtsamen Umgang mit sich selbst und tragen wesentlich zu erfüllenden Partnerschaften bei.

www.gefuehls-und-koerperarbeit.de

Autor

Bastian Barucker

Jahrgang 83, ist ausgebildeter Überlebenstrainer und Wildnispädagoge. Er begleitet seit mehr als 15 Jahren Menschen dabei, sich in der Natur wieder zu Hause zu fühlen. Er hat selber bis zu einem Jahr gemeinschaftlich in der Wildnis gelebt, lehrte an verschiedenen Hochschulen Deutschlands und ist Vorstand und Gründer eines Naturkindergartens. Außerdem begleitet er Menschen bei der inneren Spurensuche und Integration frühkindlicher Prägungen mit der Gefühls- und Körperarbeit.

Weitere Infos unter www.bastian-barucker.de

Bastian veröffentlicht Beiträge rund um die Themen innere & äußere Natur, Wildnispädagogik und Persönlichkeitsentwicklung. Sein Interesse gilt dabei der Frage nach dem Ursprünglichen und Natürlichen. Seit März 2020 widmet er sich sehr intensiv dem Corona-Geschehen.

Podcast

https://bbarucker.podigee.io

Blog

https://blog.bastian-barucker.de

Einige Kapitel dieses Buches finden Sie auch als Hörfassung und digitale Version im Podcast und Blog von Bastian Barucker oder auf der Verlagsseite: https://massel.net/aSnN

Mio und die Funkelsteine

Ein Abenteuer im Wichtelwald

Im Wichtelwald, da wo Mio und seine Freunde wohnten, besass jeder Wichtel einen ganz besonderen Stein. Kümmerte er sich gut um sich selbst und diesen Funkelstein, so leuchtete dieser hell und schenkte Wärme und Freude.

Ausgerechnet an Mio's Geburtstag verschwanden viele dieser Funkelsteine. In einem aufregenden Abenteuer machten sich der Wichteljunge und seine Freunde auf die Suche nach dem Dieb. Werden sie die Funkelsteine wiederfinden?

Eine spannende Geschichte zur Förderung der Empathiefähigkeit und Selbstfürsorge.

ab 3 Jahre

ISBN 978-3-948576-03-5
November 2021

Lob und Kritik

Teilen Sie Ihre Leseeindrücke! Autor und Verlag freuen sich über vielfältige **Rezensionen** unter:
verlag.massel.net

Für einen lebhaften Dialog abonnieren Sie gerne auch unseren **Newsletter.** Wir informieren Sie über neue Bücher und Lesungen von Bastian Barucker.

Impressum

massel Verlag Martin Sell
Herzog-Wilhelm-Str. 25
80331 München
Germany
verlag.massel.net
verlag@massel.net

Bildnachweis

Bastian Barucker, Adrian Schwarze (S.79+93), Boris Goldammer (S.39); Adobe Stock: Andy, gamjai, Nadya So – stock.adobe.com; Fez Brook – pexels.com; Unsplash: Adam Hornyak, Isaac Quesada, Jill Sauve – unsplash.com

Wir freuen uns über Leserbriefe, Manuskripte von Neuautoren und Empfehlungen! Sie haben einen Fehler im Buch entdeckt? Schreiben Sie uns bitte eine E-Mail an: verlag@massel.net